三大特色
● 一讀就懂的行改技術入門知識
● 文字敘述淺顯易懂、觀念完整
● 圖表形式快速理解、加深記憶

行為改變技術

（含正向行為介入與支持）

第二版

張世彗 著

閱讀文字

理解內容

觀看圖表

五南圖書出版公司 印行

作者的話

　　人類的基本行為原理，諸如各種增強方式、懲罰、行為塑造、促進、連鎖模仿、認知行為改變術等，已被普遍地運用在親子關係、學校教育、青少年和成人行為治療、身心障礙兒童的訓練、運動心理學、職業（工、商業）情境、身體健康和醫藥、老人醫學、自我管理、更生重建及政府行政機構等方面，在可預見的未來，仍將會是人類行為管理所不可或缺的技術。

　　對一般人來說，學術叢書總是較有距離感。因此，本書主要的特點在於透過「文字和圖解相鄰併呈」的方式，呈現行為改變技術的理論與實用技巧。由於圖解具有下列效果，使得難以理解的概念，能以更為淺顯易懂的圖解形式展現，讓使用者易於閱讀和促進學習效率：

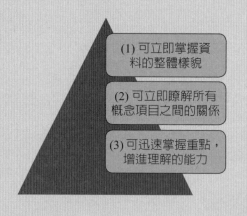

(1) 可立即掌握資料的整體樣貌

(2) 可立即瞭解所有概念項目之間的關係

(3) 可迅速掌握重點，增進理解的能力

　　全書計分為四大篇。其中第一篇為理論基礎，包括行為改變技術的涵義、特性與未來挑戰、應用及基本假定與主要的人類行為改變的有關理論；第二篇是個案行為研究，包括各種行為原理：增進適當行為、教導新行為、降低不適當行為、維持行為及認知本位的行為改變技巧；第三篇為行為功能評量及正向行為介

入與支持，企圖透過功能性評量問題行為，建立正向行為介入與支持（PBIS）計畫。第四篇是個案行為研究的科學方法。期盼透過文字圖解方式，將這些理論與實用技巧作更廣泛的推廣。

　　本圖解書籍得以順利出版，首先要特別感謝五南圖書出版公司編輯部的大力支持和協助。其次要對協助電腦圖解處理的工讀同學，一併致上誠摯的謝意。

張世彗　謹識

臺北市立大學特殊教育學系

2024/04/01

email：hwi@utaipei.edu.tw

本書目錄

作者的話

理論基礎篇

基本行為原理篇

■ 第 **5** 章 ■ 教導新行為的技巧　081

■ 第 **6** 章 ■ 維持行為的技巧　097

■ 第 **7** 章 ■ 認知本位的行為改變技巧　　113

行為功能評量及正向行為介入與支持篇

個案行為研究篇

第 1 章
行為改變技術的基本概念

.... 章節體系架構 ▼

UNIT 1-1
行為改變技術的涵義

一、行為

行為是心理學中最重要的一個名詞，但也是最難以界說的名詞。按照不同的觀點，「行為」一詞大致有四個不同的涵義（張春興，2007）：

1. 「傳統行為論者」將行為界定為可觀察測量的外顯反應或活動；內隱的心理結構、意識歷程及記憶、心像等，均不被視為心理學研究的行為。

2. 「新行為論者」將行為的定義放寬，除可觀察測量的外顯行為外，也包括內隱的意識歷程；因而中間變項、中介歷程、假設構念等概念均在考慮之內。

3. 「認知論者」將行為視為心理表徵的歷程，如注意、概念、訊息處理、記憶、問題索解、語言獲得等；對外顯而可觀察測量的行為，反而不太重視。

4. 行為一詞在心理學上的廣義用法，包括內在的、外顯的、意識的與潛意識的一切活動。

雖然行為在心理學上的廣義用法，涵蓋內在和外顯、意識與潛意識的一切活動。惟就行為改變技術目前的實務來看，「行為」一詞主要是涉及內在意識活動和外顯的活動，較不觸及內隱的潛意識活動。

二、行為改變

影響行為改變的因素很多，但概括言之不外以下四大因素：遺傳、環境、成熟、學習（張春興和林清山，1986）。

遺傳和環境因素自始至終對個體都會發生交互作用的影響。在個體發展歷程中，成熟與學習因素一直發生交互作用。不過，這種交互作用會隨個體生長的改變而改變。一般而言，個體愈幼稚，成熟因素對其行為的支配力就愈大。隨生長漸進，成熟的影響漸減，而學習因素的支配力量則相對增加。就行為性質言，凡屬基本行為，多數會受到成熟的支配，如站立、走路等。至於特殊、複雜的行為，則多數會受到學習因素的支配，如語言、文字等。

「學習」是個體經由練習或經驗，使其行為產生較為持久改變的歷程。此一定義，可涵蓋下列意義：(1) 行為產生改變是因經驗或練習的結果；(2) 透過學習改變的行為具持久性；(3) 學習並非全是指導或訓練的結果。由上可知，雖然遺傳、環境、成熟及學習均會支配或影響到行為改變，不過環境及學習因素似較具教育意義。

三、行為改變技術

凡應用行為學習論與認知論，來改變個體已有行為或矯治不良行為之各種技術的統稱。

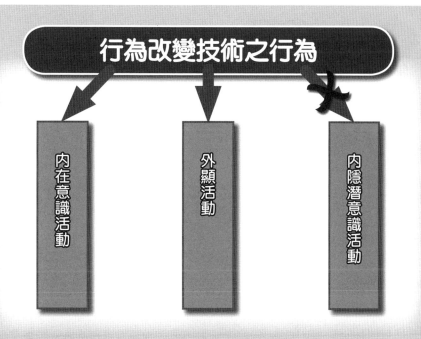

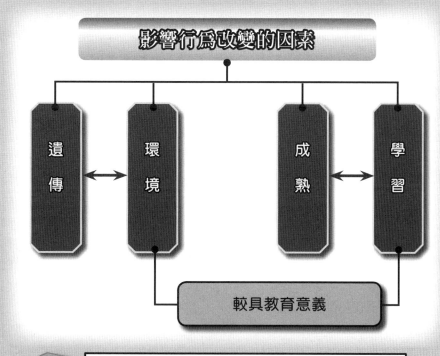

個體愈幼稚，成熟因素對其行為的支配力就愈大。隨生長漸進，學習因素的支配力就愈大。

一、著重行為而非特質

特質（如勤奮的）是穩定且永久的人格特性，不過特質描述存在許多障礙，因特質無法觀察。另外，個體特質的描述常是不精確的，且無法提供有關何時會影響個人行為的資訊。因此，運用行為改變技術者均會強調：(1) 依行為來界定個體目前的情形，而不是根據特質或其他較廣泛的特性；(2) 能以某方式來測量行為；(3) 依外顯行為表現來間接評估內隱行為（如害怕、動機等）或心理歷程。

我們到底要增進或降低行為，往往繫於行為是不足或過多的問題。如果行為不足，即意味個體所表現的適當行為是經常不足、不好或強烈不足等，如很少主動溝通、學習時間不夠；若行為表現過度，就表示個體表現某特定行為太經常、太強烈或太持久，如抽菸過多、活動量過大等。

二、強調學習和環境的重要性

多數的人類行為是學習來的。學習提供個體最實質且廣泛的過程，來獲得或改變他們所做的任何事情。因此，運用行為改變技術者都假設行為是易犯錯的，且可藉提供適當的新經驗來改變。

在改變行為上所提供的新經驗，包括改變個體環境的範圍，主要是藉著改變行為的前提事件（antecedent）和行為後果（consequence）。雖然提供個體新的學習經驗在行為改變上已獲成功，不過我們仍應注意其限制：(1) 我們須仔細選擇與應用前提事件和行為後果，若未能如此，則改變行為所下工夫會受影響；(2) 行為改變技術所使用的知識體系仍在成長中；(3) 就某些個案言，目前行為的前提事件和行為後果，是源於個案的社會或文化環境。這些環境常對個案行為具強烈的影響，而可能很難實質改變；(4) 有些行為是嚴重異常（如自閉症或注意力不足過動異常兒童所表現的行為特性）或有明顯生理基礎，至少目前的行為改變技術並不足以完全改變它們（Wilson & Simpson, 1990）。

三、改變行為的實用方法

在方法上，行為改變技術是採取實用的方法來改變個體的行為。因此，實施行為改變技術者大都強調發現和使用能產生作用的方法來改變個體的行為，不管此種技術是否符合某特定理論。目前行為改變技術所採取的實用方法，主要包括行為學習論和認知論的方法。

這些方法大都由學者從事動物或病患臨床實驗所得的菁華，並非憑空想像得來的。其中，行為學習論的方法是運用古典制約、操作制約及社會學習論的原理來處理外顯行為；至於認知論的方法則是藉由修正個體的思考歷程，來改變外顯和內隱的行為。

四、運用科學方法來研究行為

行為改變技術是強調科學本位的，其核心在經由科學方法來發現知識。基本上，科學方法包括藉由下列方式來進行個體行為研究：(1) 實徵的蒐集資料，即直接觀察和測量；(2) 分析和解釋資料；(3) 設定精確的方法來蒐集資料，使其他研究人員瞭解其程序及複製這些程序，後來逐漸發展為運用行為分析法或單一受試實驗設計，來評估個案的行為。

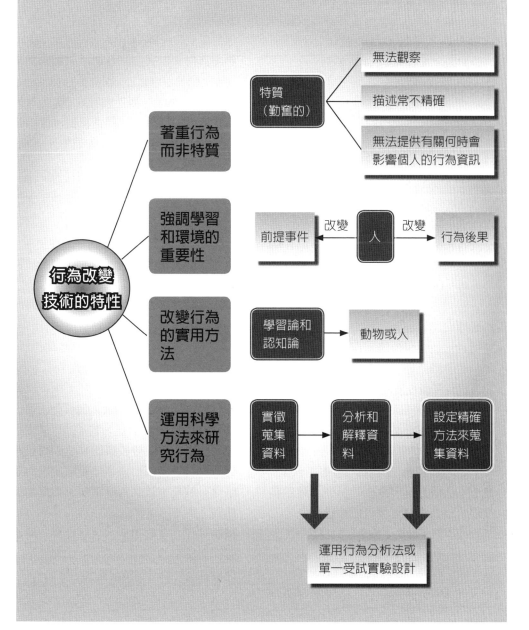

UNIT 1-3
行為改變技術的未來挑戰

我們已發現行為改變技術是十分有效的，且可產生明顯的改進，同時也瞭解到這些原理可運用於各種情境，來改變多數的問題行為。雖然行為改變技術擁有許多優點，但仍存有以下限制（Goldfried & Castonguay, 1993）：

一、提升行為改變技術的效果

提升行為改變技術成功的方法之一，就是提高關心所實施的介入。例如：許多專業人士設計行為改變方案時，是用直覺來選擇處理方法，而不是進行「功能性評量」（functional assessment）（O'Neill et al., 1997）。另外，實施行為改變技術的人員可能會因未經詳細且定期訓練和監督其努力，而鬆散的使用這些技巧（Harchik et al., 1992）。

行為改變技術不僅對矯正已有行為問題有助益，且在預防人類遭遇和問題行為上也出現前景。例如：預防青少年免於發展上癮行為（如抽菸或使用藥物）已有某種程度的成功（Botvin et al., 1990）。另外，自我管理技巧、壓力免疫訓練及問題解決訓練法也常被視為預防性的方法，來防禦人類問題行為的發生。

目前我們也已瞭解到再發對行為改變方案的成功是項重要的障礙。雖然在發展方法來降低再發可能性已有進展，不過這項問題仍是未來重要的挑戰。

二、整合不同的治療方法

在 1970 年以前，行為改變技術的研究和治療傾向於使用單一技巧，如代幣增強。在 1970 年之後，愈來愈多開始組合不同的行為學習論與認知行為改變論的方法。其中最常見的整合行為治療的形式之一是運用藥物，例如：處理焦慮異常、沮喪及注意力缺陷過動異常（ADHD）等（Emmelkamp, Bouman, & Scholing, 1992）。雖然教育或心理人員不可以開立藥方，但他們常提供治療結合可開立藥方的專業人員（如醫生）。

三、提升行為改變技術的正面形象

行為改變技術的運用，初期是基於大眾和專業人員的支持。不過，這個領域後來卻受到很大的批判。主因有幾項：(1) 行為改變技術的哲學基礎，似乎反對認知和生物歷程在行為上的角色；(2) 它所使用的技巧似乎是簡單、無人性的。例如：許多早期的研究和應用，有時會針對發展障礙兒童使用厭惡性刺激。

行為改變技術初期特性對其形象的負面影響，至少持續到 1980 年代（O'Leary, 1984），造成人們反對使用行為學習論方法的偏差。自 1980 年代初期，運用行為改變技術的專業人員已開始改變這些負面形象。他們所使用的策略之一就是挑戰在新聞媒體所揭露的錯誤觀念與陳述（O'Leary, 1984）。另一項策略是在心理學領域，刊登受大眾廣泛接受與使用的技巧。經過這樣的努力，此種負面形象已有相當進展。

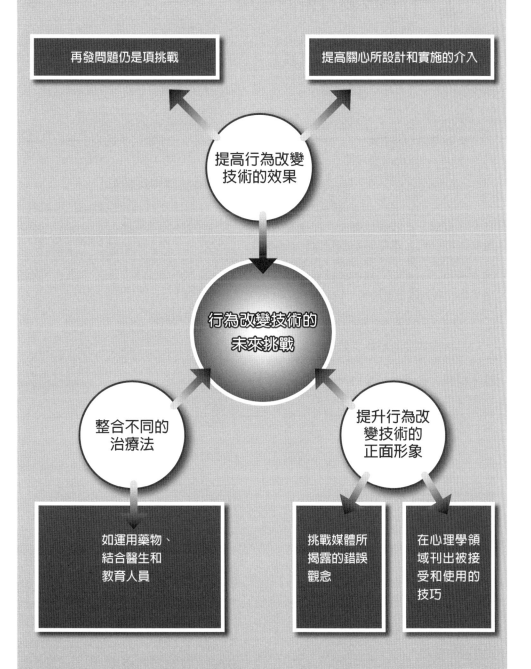

UNIT 1-4
行為改變技術的應用

行為改變技術的原理可在許多生活中的範圍，有效用來改變行為。從親子關係至政府行政機構，都可看到其成功應用的例子，前景是相當樂觀的。

一、親子關係

教導父母行為和認知能力可協助他們改變行為，進而改變其孩子的行為。

二、學校教育

行為改變技術的基本原理已被廣泛且有效應用，來改進教學方法和學校內所發生的行為。電腦輔助教學就是基於行為學習論代表人物 Skinner（1954）的編序教學法的概念，運用電腦來教導學生學習一系列的教材。

三、青少年和成人行為治療

目前這些技術已能有效處理青少年和成人的異常，包括沮喪、性異常、焦慮、精神疾病及物質濫用等。沮喪的行為治療，通常包括認知論和行為學習論的方法。認知論的方法是藉由質問個人用以支持其信念的事實，來改正這些思考信念；行為學習論的方法，則是透過展示他們表現行為的方法，讓其練習並給予回饋。至於完整的處理通常包括藥物治療，尤其是嚴重沮喪時。

四、身心障礙兒童的訓練

就智能障礙和多重障礙兒童而言，訓練他們往往須密集努力。老師須將學習任務分成小步驟，介紹前提事件，詳細監督學生的表現，並對正確反應提供酬賞。運用這些行為學習論的方法，每位智能障礙兒童可學習適合其年齡和能力水準的任務。

五、運動心理學

Rushall（1993）曾採用認知論的方法，來協助一位喪失自信的女性金牌選手克服其問題。這種方法要求她集中注意每部分的動作，忽視痛苦和努力，終而提升其體適能分數，恢復她的信心。

六、職業（工商業）情境

國內工商業為了提高消費行為增進利潤，亦常運用到行為改變技術的原理。

七、身體健康和醫藥

行為改變技術已有效地用來提高健康和預防疾病與受傷。例如：Burling 及其同事（1991）就曾運用健康警語作為前提事件，來降低懷孕婦女的抽菸行為。行為改變技術不僅有助於提高人們的健康，也能提升醫學處理病人的成效。

八、老人醫學

行為改變技術用於看護家庭、其他養護機構，即可助其管理老人的行為。而且，行為改變技術的程序還可幫助老人處理衰退的身體能力、助其調整看護家庭的環境、促進健康相關的行為、進行適合的社交互動。

九、自我管理

學習自我管理的技術，將可獲得所需自我控制和調節的能力，來增進行為改變。

十、更生重建

行為改變技術用於更生重建，主要藉此激勵病人順從一些例行的復健（如物理治療），並教導新技能，以替代因傷害、精神創傷所失去的技能，還有減少問題行為出現、處理長期疼痛、改善記憶的工作情況。

十一、政府行政機構

行為改變技術的基本原理亦已廣泛用來改進機構內外所發生的行為。

行為改變技術的應用

親子關係	例如：透過訓練父母行為改變技術，用來降低其孩子的對立性行為。
學校教育	基於行為學習論之電腦輔助教學（computer-assisted instruction, CAI）之運用。例如：CAI 方案可解釋概念、提供實例、問問題及給予回饋等，常比傳統方法有效。
青少年和成人行為治療	例如：沮喪、性異常、焦慮、精神疼痛及濫用物質。
身心障礙兒童的訓練	例如：運用行為學習論和酬賞，訓練重度智能障礙者如廁和學習表現簡單的社會性行為。
運動心理學	認知論的方法及模仿和增強的應用。
職業（工商業）情境	各種正增強的應用。 例如：聯合晚報就與中國石油合作推出「好心好報油好禮」活動，凡零售買份聯合晚報，就可抵 5 元油費；至於訂戶，只要預付聯合晚報半年期以上報費者，除可選擇各項超值好禮外，另隨贈品附贈對對樂或吉時樂公益彩券。
身體健康和醫藥	例如：DeVries、Burnette 和 Redmon（1991）則曾採取 AIDS 預防方案，來增加護士戴手套的行為。這項方案包括向護士展示前兩週是否戴上手套的情形，讚美並鼓勵她們經常戴上手套。
老人醫學	可助於管理老人的行為。
自我管理	強化受訓者的自我控制和調節能力。例如：Nakano（1990）曾運用自我管理技術成功地降低幾位 A 型性格者社交不耐煩行為的次數，同時增加他們飯後放鬆的時間。
更生重建	激勵順從的行為與教導新技能。
政府行政機構	積極增強與應用。 例如：為鼓勵醫院對病情穩定的慢性病患開立連續處方箋，中央健保局擬提高醫師診察費給付（增強原理），每開出一張慢性病連續處方箋（醫療行為），健保就多給 200 元診察費。除醫師的診察費提高外，醫院亦可藉此疏散門診量，民眾則可免去多次看診的掛號費與部分負擔花費。

UNIT 1-5
行為改變技術的基本假定

一、多數的行為是學習到的

行為學習論者相信多數所觀察到的兒童行為是學習到的，即兒童傾向於表現受到強化的行為，而避開先前未被強化或受到懲罰的行為。

二、行為是刺激特定的

行為學習論者相信個體在不同環境會表現出不同的行為，即兒童在特定情境上所表現出的行為，僅是顯示兒童在那種情境上如何表現而已。這是因為每種環境包括它自己的前提事件（如人、期望）和行為後果（增強物和懲罰物）。此外，個體在不同環境也會有不同的增強和懲罰史。

三、行為是可教導和改正的

由於行為是學習到的，所以執行行為改變者可教導新行為和改正目前不適當或反社會行為。

四、行為改變方案須是個別化的

行為學習論者相信，個體在不同環境上有不同的前提事件和行為後果。由於我們每個人已發展出各種行為、前提事件和行為後果之間許多不同的關聯，因此，對每位兒童和兒童的環境來說，行為改變方案均須是個別化的。

五、行為介入重點在此時和此地

不像心理分析法會投注許多時間和努力於個體的過去經驗，行為學習論者並不特別關心過去的事件，反而集中於個體環境內的目前事件，以確認對個人目前行為上的影響。

六、病因重點在個體環境上

心理分析法主要集中在個體和在個體內尋找問題行為的解釋，而行為學習論者則針對個體的環境和尋找環境內問題行為的解釋。因此，執行行為改變者對行為的環境、情境和社會決定因子特別感到興趣。另外，行為學習論者認為前提事件和行為後果，才是適當和不適當行為最重要的因素。

七、行為改變目標是特定和界定清晰的

行為學習論是一種有計畫和有系統教導新行為或改正目前行為的方法，其目標是可觀察和可測量的，並以特定術語陳述。行為學習論上所用的策略，也是特定且須系統化運用。

八、行為會受認知的影響

認知行為改變論者認為，個體如何知覺環境對周遭事件的衝擊力大小有很大影響。另外，事件並不只是在他們心理上不同，其知覺亦有直接影響。顯然，知覺不僅對這個人想法有作用，也會影響到其行為表現。

九、認知改變會導致行為產生改變

憂鬱的人傾向視自己為失敗者，認為世界充滿失落感，對未來感到悲觀無助，且把壓力事件和負面情況歸咎於己。這些認知歷程與憂鬱的多種徵候有關，也會造成個體與他人互動減少及缺乏參與活動的興趣。雖然憂鬱患者可經由多種形式來治療，不過認知行為改變論者則強調透過轉換憂鬱患者的認知信念系統，可導正其不適應行為。

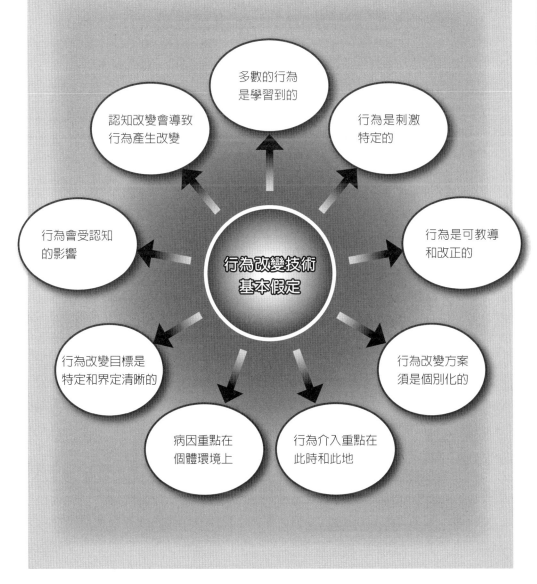

UNIT **1-6**
行為改變技術運作的基本法則

一、操弄行為後果

　　行為改變技術運作的法則，最常見的方式就是操弄行為後果，包括：

1. 當行為者表現出受歡迎或適當的行為時，立即給予好的行為後果（正增強及正增強物）。例如：學生表現出好的行為，老師立即回應說：「很棒。」惟這項法則也經常被運用於詐取錢財上（榨取者獲得好的行為後果），例如：各式各樣的詐騙手法（假交友與假投資結合、解除分期付款、假網拍等）。

2. 獎勵受歡迎或適當行為的後果，事先就已建立了；一旦行為者表現出這類行為時，就會獲得好的行為後果（正增強及正增強物）。例如：臺中購物節的活動辦法，凡自然人於活動期間內，在臺中市店家消費並取得統一發票或取得收據，即可在臺中購物節網站參與抽獎。

3. 當行為者表現出不受歡迎或不適當的行為時，立即給予不好的行為後果（懲罰或懲罰物）。例如：學生表現出不好的行為，老師立即糾正他。

4. 懲罰不受歡迎或不適當行為的後果，事先就已建立了；一旦行為者表現出這類行為時，就會得到不好的行為後果（懲罰或懲罰物）。例如：交通部執行的《道路交通管理處罰條例》，條例中規範了汽車、慢車、行人、道路障礙等各種違反交通管理情節之處罰。

5. 就行為者而言，因表現某種行為而促使厭惡性事物消失（行為後果），也會造成該行為強度的增加。例如：老師對著班上大叫直至安靜為止。最顯著的作用就是逃離或避開一切相關的人事物。

二、操弄前提事件，以促進期望行為與降低不受歡迎行為

　　前提是指事情應該先注意的部分或先決定的條件。如果能夠重新建構前提事件，在出現強化不適當行為的先前刺激上，個人很可能就會自我增強而表現出新的且適當的行為。操弄前提事件也是行為改變技術運作的常用法則，包括：

1. 安排可區別性刺激或暗示，以促進期望行為。例如：吃健康食物的可區別性刺激就是在冰箱中有健康食物。

2. 安排建立期望行為的操弄。例如：連續跳有氧舞蹈 1 小時和流很多汗，就是一種建立操弄，可以強化喝水的行為。

3. 降低期望行的反應難度。就是安排一種前提事件，來降低從事這種行為所需要的努力。難度較低的行為會比難度較高的行為容易發生。

4. 排除可區別性刺激或暗示，以降低不受歡迎行為的出現。如果可區別性刺激或提示線索不存在，則從事該不受歡迎行為的可能性就會變低。

5. 消除不受歡迎行為所建立的操弄。透過消除不受歡迎行為已經形成的條件，讓不受歡迎行為的結果得到較少的增強作用。

6. 增加不受歡迎行為的反應難度。如果不受歡迎行為的發生需要付出很多的努力，它就不太可能干擾期望行為。

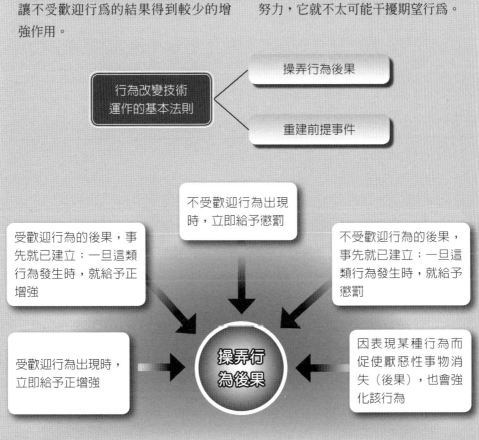

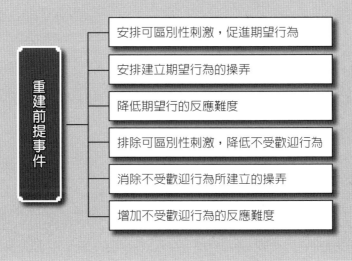

第**2**章

行為改變技術的理論基礎

●●●●●●●●●●●●●●●●●●●●●●●●●●●●●● 章節體系架構 ▼

行為學習論──古典制約作用
（學習取決於訊號和關聯）

一、古典制約作用的實驗

古典制約作用最初是由俄國生理學家巴夫洛夫（Ivan P. Pavlov,1849-1936）所提出。他以食物引發狗產生唾液的分泌實驗為例，若讓飢餓的狗吃到食物或是把食物放在牠前面，狗的唾液分泌就會增加，這種現象並不足為奇。但巴氏在實驗中卻發現，如有其他原本與唾液分泌毫無關係的中性刺激（如送食物者的腳步聲或咳嗽聲）與食物相隨或是稍前出現多次，以後這些原本中性的刺激單獨出現時，也會引起狗的唾液分泌。

顯然，原本與唾液分泌無關的中性刺激，之所以同樣會引起唾液反應，是由於該刺激與食物（能單獨引起狗產生唾液反應）相伴或是稍前出現多次的緣故。

爾後，巴氏繼續採用食物以外的可操縱的中性刺激（如鈴聲與燈光等）來進行探究，嚴密的實驗控制，並詳細記錄狗唾液分泌量的變化，終於建立他的制約作用的理論。

二、古典制約作用的形成

按照巴氏的實驗設計，古典制約作用的形成，取決於幾個變項間的關係：

1. 非制約刺激（unconditioned stimulus, UCS）

指本來就能引起個體某一固定反應的刺激（如實驗中引起狗產生唾液分泌的食物）。

2. 非制約反應（unconditioned response, UCR）

指由非制約刺激引起的固定反應（如由食物所引起的唾液分泌）。

3. 制約刺激（conditioned stimulus, CS）

指原有的中性刺激，亦即與食物相隨或者是稍前出現的鈴聲或燈光。

4. 制約反應（conditioned response, CR）

指由制約刺激所引起的反應，即鈴聲或燈光所引起的唾液分泌。

這種作用可解釋教育上很多基本的學習現象。例如：學校或教室恐慌症大都是因學生在校學習失敗或懲罰不當（UCS），而引發恐慌（UCR），進而對整個學校情境（CS）也產生恐慌（CR）。

古典制約作用

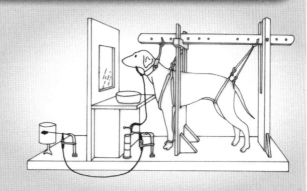

一般現象

看到或吃到

引發

睡液

017

制約現象

中性刺激（鈴聲）

食物

相隨出現多次

狗引發
睡液

UNIT **2-2**
古典制約作用的一般現象

一、習得（acquisition）

在多數例子中，古典制約作用是漸進過程，即制約刺激是漸進獲得引發制約反應的能力，此過程稱為「習得」。制約因素之一是制約和非制約刺激配對的時間上安排，即兩種刺激分別出現的時間先後。有下列四種不同的制約類型：(1)「延宕制約」，制約刺激出現在非制約刺激之前，惟兩者停止時間相同；(2)「同時制約」，制約刺激和非制約刺激同時出現，也同時停止；(3)「逆向制約」，制約刺激出現在非制約刺激之後；(4)「遺跡制約」，制約刺激出現後，旋即停止，稍後再出現非制約刺激；其被制約者是它留下的遺跡。

根據結果顯示，採取「延宕制約」的時間安排者，如延宕時間在半秒鐘左右，其制約作用效果最佳；其次是「同時制約」；其他兩種制約作用則很難形成（Coon, 1997）。

二、增強與增強物（reinforcement and reinforce）

在古典制約作用中，安排與制約刺激（鈴聲）相伴或稍前出現多次，從而強化爾後反應（唾液分泌）的頻率，即是「增強」。在此種情況下，增強作用是因食物而產生，而將食物稱為「增強物」。

三、類化與辨別（generalization and discrimination）

類化是指在制約作用中，與實驗所採取之制約刺激類似的其他刺激（如類似鈴聲的其他聲音），也會引發相似的制約反應（唾液分泌）。此現象是由類似刺激所引發，稱為「刺激類化」。

辨別正好與類化相反，即個體只對制約作用中受增強過的制約刺激（如鈴聲）產生反應，而對其他類似卻未受增強的刺激（如鼓聲）不產生反應。顯然，只有交互運用類化與辨別，才能構成精準學習。

四、消弱與自然恢復（extinction and spontaneous recovery）

消弱指在制約作用中，制約反應（唾液分泌）形成後，若單獨重複出現制約刺激（如鈴聲或燈光），而不呈現增強刺激（如食物），則原來已形成的制約反應會逐漸減弱，最終消失。

至於已形成制約反應如產生消弱，日後若再提供增強刺激（食物），則制約反應（唾液分泌）會因增強而恢復。惟若不經再增強程序亦可能自動恢復，此現象稱為「自然恢復」。不過，經由自然恢復後的制約反應強度較先前者為弱，

如果長期不再增強，所形成的制約反應將會全部消失。

五、次級制約與高級制約作用（secondary and higher-order conditioning）

次級制約作用指經由制約作用之實驗過程形成制約反應後，所採用的制約刺激（如鈴聲）即可作為非制約刺激之用，與另一制約刺激（如咳嗽聲），形成另一個刺激——反應的新連結。在次級制約作用中，作為非制約刺激的原制約刺激，因經學習而具增強性質，稱為「次級增強物」。依此類推，次級制約作用之後，亦可形成更高一級的制約作用，稱為「高級制約作用」。

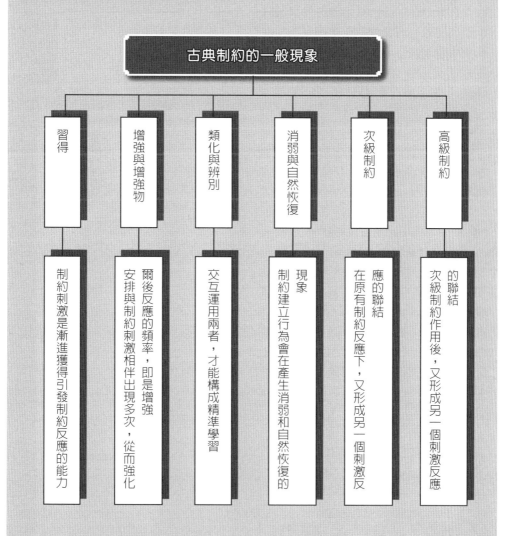

古典制約的一般現象

習得	增強與增強物	類化與辨別	消弱與自然恢復	次級制約	高級制約
制約刺激是漸進獲得引發制約反應的能力	爾後反應的頻率，即是增強安排與制約刺激相伴出現多次，從而強化	交互運用兩者，才能構成精準學習	現象制約建立行為會在產生消弱和自然恢復的	應的聯結在原有制約反應下，又形成另一個刺激反	的聯結次級制約作用後，又形成另一個刺激反應

行為學習論──操作制約作用（學習取決於行為後果）

圖解行為改變技術

020

一、斯肯納的實驗

斯肯納（Burrhus Frederick Skinner, 1904-1990）是行為主義後期對學習心理學影響最大的心理學家。他承繼了華生（J. B. Watson）所強調的科學取向的行為主義心理學傳統，也採取其根據動物實驗以建立刺激──反應連結的研究取向。另外，斯肯納更參照了桑代克（Thorndik）的「嘗試錯誤」學習原理，建立起他獨具特色且影響深遠的「操作制約作用」學習理論。

桑代克曾設計一種迷籠（puzzle box），用貓為受試者學習開門取食物的實驗。把一隻餓貓關入籠中，籠外放有食物，使貓在籠內可嗅到，只因籠門是關閉的，除非用前爪踏到開門的機關，否則無法出籠取食。「貓用前爪踏到的機關」即是預定要牠學習的反應，而籠門關閉不能出來取食，即刺激情境。貓在籠中用爪求食而不可得，於是在籠內亂咬、亂搔、亂搖……，後來偶然碰到門扭，籠門被打開，貓逃出籠外吃到食物。如此反覆連續進行實驗，可以看到貓的無效動作逐漸摒除，打開籠門取得食物所需的時間逐漸減少，最後，貓一入籠就能轉動門鈕開門取得食物。桑代克由貓在迷籠中的實驗，提出「聯結論」（connectionism），並提出學習三定率──練習率、準備率、效果率。

斯肯納曾從事動物實驗（如白鼠和鴿子），來建構與驗證其操作制約學習理論，並設計一個自動控制的「斯肯納箱」（Skinner box）。斯肯納箱內之一邊有壓桿（刺激），壓桿下有食物盤，按動壓桿（反應）時，可在食物盤中出現食物（行為後果）。實驗對象以飢餓的白鼠為主。經過多次實驗，每當白鼠按下壓桿，即可獲得食物；久之，這種壓桿反應而獲得食物（增強物），會對白鼠的反應產生「後效強化」的結果。

按照斯肯納的「操作制約作用」實驗研究，看似簡單，實則涵義複雜。這個實驗說明個體一切行為改變（指學習），是由本身對環境適應的結果所決定。此種現象已成為日後解釋人類行為的一般法則。

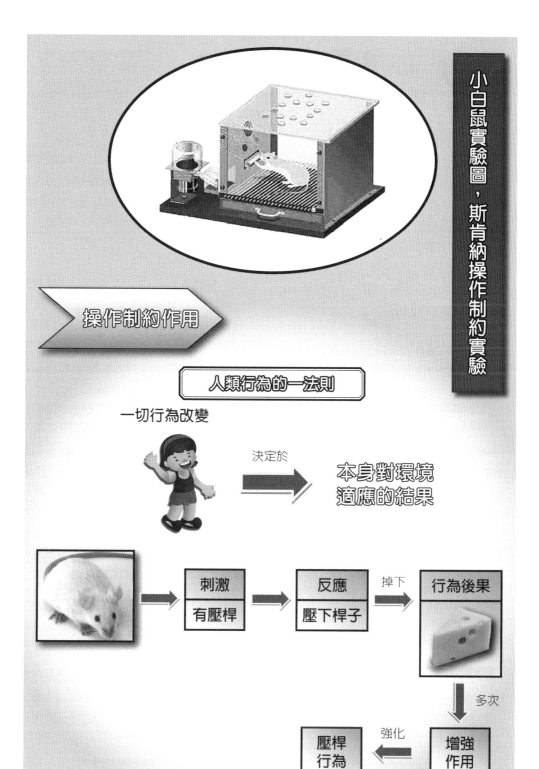

小白鼠實驗圖，斯肯納操作制約實驗

操作制約作用

人類行為的一法則

一切行為改變

決定於　本身對環境適應的結果

| 刺激
有壓桿 | → | 反應
壓下桿子 | 掉下→ | 行為後果 |

多次

| 壓桿
行為 | ←強化 | 增強
作用 |

UNIT **2-4**
操作制約作用的一般現象

圖解行為改變技術

一、增強與增強物

凡能使個體操作性反應的頻率增加之一切安排，均可稱為「增強」；而能產生增強作用的刺激，稱為「增強物」。增強物有二種類型：(1) 正增強物指當個體反應後在情境中出現的任何刺激（如食物），有助該反應頻率增加者。由正增強物所形成的增強作用，稱為「正增強」；(2) 當個體反應後在情境中已有刺激的消失（如停止嘮叨），而有助該反應頻率增加者，稱為「負增強物」。由負增強物所形成的增強作用，稱為「負增強」。

二、增強時制

增強時制是指採用後效強化原理從事操作制約作用實驗時，在提供增強物的時間或次數上，做各種不同安排，進而觀察個體正確反應的頻率與各種增強方式的關係。增強時制最主要者有兩類：(1) 立即與延宕增強：者指個體表現正確反應後，立即給予增強物，後者是延宕一段時間之後才提供增強物；(2) 連續與間歇增強：前者指每次個體出現正確反應後，均給予增強物，後者則僅在部分正確反應後，給予增強物。

三、連續漸進或行為塑造

連續漸進法使用程序是學習到第一個反應，再學習第二個反應，依序進行，直到最後反應完成為止。

四、類化與辨別

操作制約作用之後所學習到的反應行為，也會產生類化和辨別現象。人類許多行為的學習都經過此一歷程，而達精熟和類似遷移的結果。

五、消弱與自然恢復

操作制約作用建立之後，如果個體反應後不再獲得增強物，該操作性反應就會逐漸減弱，最終消失，即「消弱」。惟經一段時間後，即使上次反應行為後未曾獲得增強物，習得的反應行為也會再度出現，稱為「自然恢復」。當然，如果自發恢復的反應一直不能獲得增強物，消弱會再度發生。

六、次級制約作用

當斯肯納箱內的小白鼠學習到壓桿取得食物的反應行為後，如在食物出現之前，先發出一種聲響（制約刺激），並持續與食物（非制約刺激）相隨出現多次。聲響就會成為引發小白鼠壓桿反應行為的增強物；不過，在本質上它是屬於「次級制約作用」。

七、刺激控制

刺激控制指行為在呈現區別刺激下一致發生的現象。在操作制約作用中，想像你是斯肯納箱中的小白鼠，過去幾天中，你已學習到壓桿而能獲得食物。

有一天你注意到箱中出現了燈光。燈光是種訊號：若燈光亮起時壓桿，你將可獲得食物的酬賞，但燈光滅了時，則無法獲得食物。經多次出現後，你學習到在燈光呈現時（區別性刺激）壓桿，燈光滅了時不壓桿。即你的壓桿行為已在燈光的刺激控制下（Skinner, 1938）。

八、處罰作用

在操作制約作用中，凡能使個體操作性反應的頻率降低或消失的一切安排，均可稱為「處罰」；而能產生處罰作用的刺激，稱為「懲罰物」。

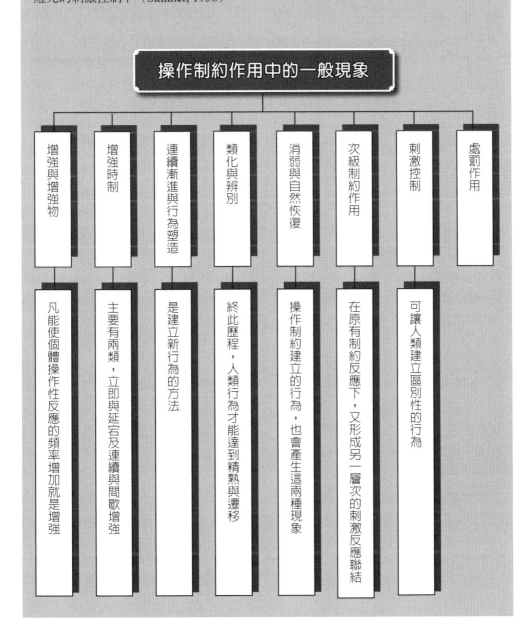

操作制約作用中的一般現象

增強與增強物	增強時制	連續漸進與行為塑造	類化與辨別	消弱與自然恢復	次級制約作用	刺激控制	處罰作用
凡能使個體操作性反應的頻率增加就是增強	主要有兩類，立即與延宕及連續與間歇增強	是建立新行為的方法	終此歷程，人類行為才能達到精熟與遷移	操作制約建立的行為，也會產生這兩種現象	在原有制約反應下，又形成另一層次的刺激反應聯結	可讓人類建立區別性的行為	

UNIT **2-5**
操作制約作用中的延伸運用——生理回饋

生理回饋（Biofeedback）法在於藉由監督生理功能及提供個體功能的回饋，而這正是操作制約作用的運用。例如：患有嚴重頭痛的個案可能會在前額有肌肉緊張的狀態，由通電的吸力杯狀物監督（類似 EEG 或 EKG）。當肌肉緊張降低時，「回饋」是一種會發出聲音的音調；個案的任務在於穩定地保持發出聲音。在實驗室或辦公室學習控制他們的緊張之後，個案就能夠在日常生活所發生的壓力情境中或之後，實施他們所學習的。

一、改善近視

桃園某醫院的眼科醫師曾提出運用生理回饋法來改善患者的近視。他認為每日監控與防止才是治療近視的最佳方法，因而提出可讓所有人在家每天注意改善自己的視力。這種方法就是「在家裡設定一個標的物（如牆上時鐘或月曆，距離 3 至 5 公尺），每日在固定的距離觀看這個標的物。距離與標的物的搭配原則是讓你剛好約略可以辨別出目標物的細節。度數深的人應該配戴稍淺一點的眼鏡；而度數淺的人可以不配戴眼鏡。然後，每天不定時在固定的距離辨認目標物，如果比前一日模糊，就代表著『負向的生理回饋』，就必須立刻檢討今日的用眼方式是否不對？是不是看了太多電視或閱讀太多書？或睡眠不足等」，而隨

時調整用眼方式及生活型態。反之，如果用眼方式正確且生活規律，身心調養得宜，這時候你將會發現辨識目標物會愈來愈清晰，這就代表著「正向的生理回饋」。這時甚至可以考慮換上更淺度數的眼鏡，然後再用這方式繼續監控自己的視力，同時再配合每隔 2 至 3 個月至眼科醫師處回診。

二、降低考試焦慮

「考試焦慮症」常損壞了許多莘莘學子的大好前程和夢想，某醫院兒童心智科醫師指出，我們可以用自助的方式來治療考試焦慮症，只要平常多練習「生理回饋治療」就可以輕騎過關。這位醫生建議當事人預錄一捲錄音帶（約 20-30 分鐘即可），用平緩語調「對自己講話」，傳達給身體各個重要器官，告訴自己「放鬆、放鬆、再放鬆」，來紓緩緊繃的心情。然後，再以手掌輕按肚皮，體驗自己呼吸的情形，試著慢慢讓呼吸平緩下來，幫助自己靜下來，如此可以放鬆心情。

如果遇到考試時，自己心跳會飆到每分鐘 100 次以上，就是「考試焦慮症」的典型反應。他建議當事人，試著用上述方式測量脈搏，當心跳降到每分鐘 80 次左右時，就表示這項治療有成效了。

三、失眠自療

在臨床睡眠醫學中有多種方法可以

逐步改變不良的睡眠衛生習慣，其中較常用的「刺激控制法」（stimulus control therapy），就是根據學習理論（操作制約取向）來建立睡眠環境和睡眠發生的正向關係。簡言之，就是給自己一個睡眠的場所。

所以「刺激控制法的首部曲」在於只有想要睡覺時才可以上床，並且除了睡覺外，不要在床上做任何事情。把勞心的事歸給清醒的時候，把睡覺還給床鋪，努力營造一個睡眠的場所。一旦床的意義變得單純，穩穩入睡就不會是一件困難的事。

失眠自療「刺激控制法的二部曲」就是：如果無法入睡，就離開床鋪，直到想睡再上床。若是活動空間不允許，也要下床動一下，發發呆，倒杯溫開水等它慢慢變涼，做什麼都可以，總比在床上累積失敗經驗、不斷增強自己「睡不著」的念頭來得好。運用上述方法，如果可以持續施行「失眠自療刺激控制法」兩個星期以上，往往對失眠狀況有相當大的助益。

運用「生理回饋法」來治療考試焦慮症的程序

預錄錄音帶（約 20-30 分鐘）→ 用平緩語調對自己講話 → 告訴自己「放鬆、放鬆、再放鬆」→ 再以手掌輕按肚皮，體驗自己呼吸的情形 → 試著慢慢讓呼吸平緩，幫助自己靜下來 → 測量脈搏心跳降到每分鐘 80 次左右時，就表示治療有效

運用失眠治療刺激控制法的程序

首部曲
- 只有想要睡覺時才可以上床
- 除了睡覺外，不要在床上做任何事情

二部曲
- 如果無法入睡，就離開床鋪，想睡再上床
- 若活動空間不允許，也要下床動一下
- 做什麼都可以，總比在床上累積失敗經驗來得好

UNIT **2-6**
行為學習論——社會學習論
（學習取決於觀察與模仿）

一、操作制約作用的弱點

就實驗設計的方法來看，斯肯納（Skinner）的操作制約作用是無懈可擊的。不過，若是將斯肯納根據動物實驗研究結果所建構的學習理論，用來推論解釋人類的複雜行為，可能會出現下列缺失（張春興，2001）：

1. 斯肯納的學習理論觀點過於狹隘，無法充分解釋人類的複雜學習（如知識、技能、態度、競爭及合作等）。對人類來說，這些複雜行為的學習，比外顯行為來得更為重要。

2. 學習如果只靠直接經驗，其效果將會受到限制。根據斯肯納的操作制約理論，個體必須在情境中對刺激表現反應，然後經由後效強化，才能產生持久性的學習。就人類實際情境而言，並不是非常實際。

3. 學習不全然是在控制的情境下自動產生的。依照斯肯納的學習理論觀點，行為改變（學習）的產生是由環境決定的。若此，那麼同樣情境下，應可產生同樣的學習。對人類來說，事實並非全然是如此，財貨當前，起盜心者有之，臨財毋苟取者有之；其主因並不在於客觀外在財貨的引誘，而在於個人的主觀看法。

正由於斯肯納學習理論觀點的缺失與限制，才會在 20 世紀 60 年代初期產生了社會學習論（social learning theory）。

二、班都拉的實驗

班都拉與其同事羅斯（Bandura, Ross & Ross, 1961）曾進行一項實驗，來證明特殊攻擊性行為的觀察學習歷程。他們讓兒童觀察一位大人在玩樂高玩具及一個大型的充氣塑膠玩偶。在其中一組的實驗情境中，這位大人先組合樂高玩具，然後開始將注意力轉移到充氣塑膠玩偶上，這位大人走向充氣塑膠玩偶，攻擊它、坐在它身上、用木棒敲打它、將它拋向空中、在房裡踢來踢去，同時不斷喊著：「正中鼻樑」、「打倒你」、「砰！」等話語，如此持續一段時間，並由受試者在旁觀看；另一組實驗情境則無上述攻擊性行為，該位大人只是安靜玩著樂高玩具。間隔一段時間後，讓每位兒童受挫，並單獨留在房間 20 多分鐘，房間中放有許多玩具，包括一個大型的充氣塑膠玩偶，並評估這些兒童的行為表現。結果顯示觀察到大人對充氣玩偶做出攻擊性行為的兒童，比觀察到大人安靜組合樂高玩具的兒童，表現出更多攻擊性行為。

此一實驗充分說明兒童會經由觀察他人所表現的攻擊性行為，學習到該特殊的反應行為。

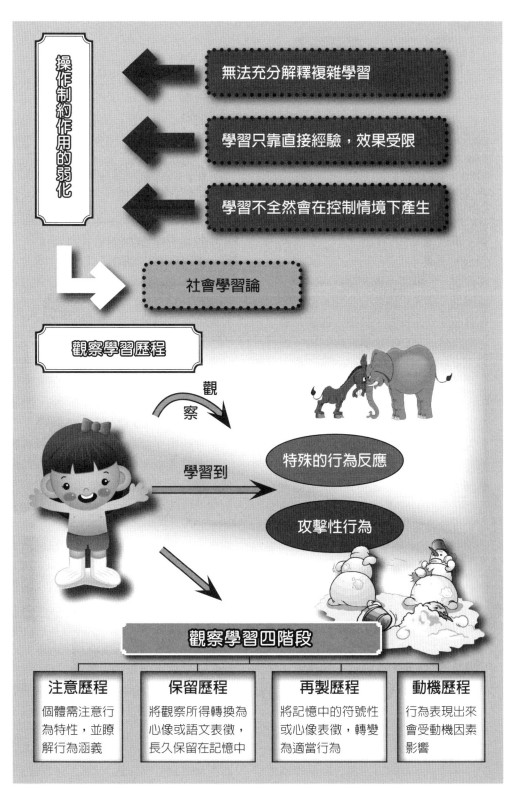

操作制約作用的弱化

無法充分解釋複雜學習

學習只靠直接經驗，效果受限

學習不全然會在控制情境下產生

社會學習論

觀察學習歷程

觀察

學習到

特殊的行為反應

攻擊性行為

觀察學習四階段

注意歷程	保留歷程	再製歷程	動機歷程
個體需注意行為特性，並瞭解行為涵義	將觀察所得轉換為心像或語文表徵，長久保留在記憶中	將記憶中的符號性或心像表徵，轉變為適當行為	行為表現出來會受動機因素影響

UNIT **2-7**
社會學習論的要義

　　有關班都拉所提的社會學習論的內涵相當的豐富，以下僅介紹幾點與行為改變（學習）有關的要義：

一、學習三元論

　　班都拉（Bandura）的「社會學習論」強調除環境因素外，個人對環境中人、事、物的認識和看法，更是學習（行為改變）的關鍵。即在社會環境中，環境因素、個人對環境的認知及個人行為等會產生交互影響，最後才能確定學習到的行為。這三項因素又可稱為「學習三元論」（triadic theory of learning）。

　　這些因素的相對影響力往往視情境和行為的性質而有不同。有時，環境的影響力足以箝制行為，有時環境則會深受人為因素的影響（廖克玲，1982）。根據「社會學習論」的觀點，人類的心理歷程是透過個人與環境中的決定因素不斷相互作用而形成，因此符號性、替代性和自我調適的歷程，在心理歷程中都扮演非常重要的角色。

二、學習的產生並非決定於增強

　　班都拉的「社會學習論」並不像斯肯納的操作制約理論，把增強視為構成學習（行為改變）的關鍵，而只是將增強視為個體對環境認知的一種訊息。所謂的「訊息」指增強物的出現，等於告訴個體，他的行為後果會帶給他的是懲罰或獎賞。顯然，這是認知的看法。由此可見，班都拉的「社會學習論」重視學習時個體本身的自主性，即個體雖未曾親身體驗行為後果的獎懲，單憑觀察

他人行為表現所帶來的獎懲後果，或聽到別人對某行為對錯的批評，他也會學習到在何時何地該表現何種行為。

三、觀察學習與模仿

　　社會學習究竟是如何產生的呢？班都拉採用觀察學習與模仿的概念來詮釋。觀察學習指個體只以旁觀者身分，觀察他人的行為表現，就可學習到他人同樣的行為。另外，只憑見到別人直接經驗的行為後果，也可間接學習到某行為。例如：學生見到同學因打針感到恐懼而哭泣（直接經驗），於是他只靠觀察就會學到對打針一事表現出恐懼和哭泣（間接經驗），此種現象稱為「替代性學習」，又稱「勿練習的學習」。

　　在觀察學習過程中，示範行為會轉化為符號表徵，引導觀察學習者在爾後做出適當行為。班都拉曾提出觀察學習四個階段的歷程（Bandura, 1977）：(1) 注意歷程（attentional processes）指在觀察學習時，個體學習須注意楷模所表現的行為特性，並瞭解該行為的涵義，否則就無法經觀察學習而變成自己的行為；(2) 保留歷程（etention processes）指個體在觀察學習到楷模的行為後，須將觀察所得轉換為心像或語文表徵，才能長久保留在記憶中；然後為 (3) 再製歷程（reproduction processes），指個體將保留在記憶中的符號性或心像表徵，轉變為適當行為。最後為 (4) 動機歷程（motivational processes），指個體雖經觀察學習到楷模行為，但行為表現出來則會受其動機因素的影響。

至於模仿指個體在觀察學習時，向社會情境中某人或團體行為學習的歷程。在同樣的社會情境下，不同學習者未必會經由觀察學習到同樣的社會行為，這也就是電視色情或暴力情節對個體是否有害的無法獲得一致答案的原因。

029

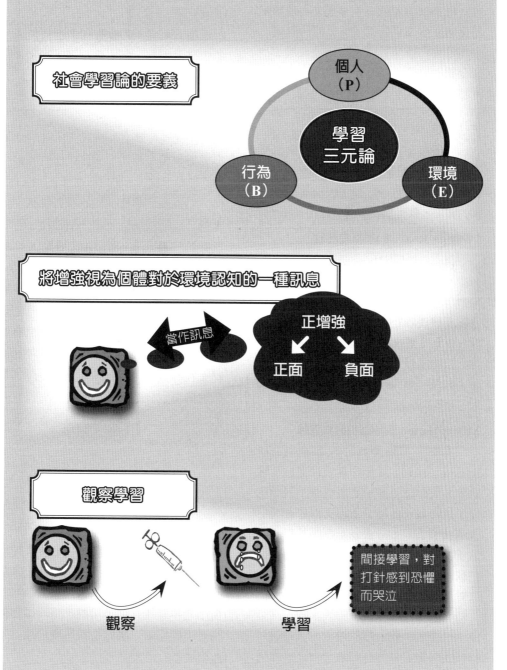

社會學習論的要義

個人
（P）

學習
三元論

行為
（B）

環境
（E）

將增強視為個體對於環境認知的一種訊息

當作訊息

正增強

正面　負面

觀察學習

間接學習，對
打針感到恐懼
而哭泣

觀察　　　　　學習

UNIT **2-8**
認知學習

圖解行為改變技術

　　自 1930 年代後，有些認知心理學家認為過度強調刺激與反應之間的聯結，只能瞭解人類學習行為的片段，無法一窺全貌。以下是幾個知名的認知學習的實驗：

一、領悟學習實驗

　　領悟學習採用完形心理學的觀點來解釋，強調個體學習的過程，不必經由練習或觀察，而是在頓悟情境中各個刺激之間的關係，就可學到解決問題的方法。

1.Wolfgan Kohler 的黑猩猩實驗

　　德國心理學家 Wolfgan Kohler（1887-1967）做了許多領悟實驗，最著名的是在 1927 年研究黑猩猩如何解決各種問題。他將黑猩猩關在籠內，黑猩猩伸手到籠外拿不到香蕉。沒多久，牠領悟到拿取地面上的木棒去鉤取香蕉；如果一根棒子不夠長，黑猩猩會將兩根木棒銜接起來，再去鉤取香蕉。

2.Harry Harlow 的印度恆河猴實驗

　　後來，美國動物心理學家 Harry Harlow（1950）採用印度恆河猴為實驗對象，他對每隻猴子呈現兩個不同顏色與形狀的盒子，第一次將食物放在其中一個盒子下方，只讓猴子打開其中一個盒子。第二次將盒子位置調換，食物仍然放置在第一次有食物的盒子下方。每隻猴子接受六次實驗，每次將盒子的位置隨機出現，結果發現前幾次猴子選錯盒子。不久，猴子終於領悟到，食物只放在同樣顏色與形狀的盒子下方，而與位置無關。

　　由此可見，黑猩猩和印度恆河猴的領悟學習過程，與古典及操作制約學習都不同。

二、方位學習實驗

　　美國心理學家 Tolman（1886-1959）亦認為學習是認知，而非經由刺激與反應的連結歷程，他和同事進行老鼠跑「迷津」（maze）尋找食物的學習實驗。該實驗分兩階段進行：第一個階段，將老鼠置於左圖迷津，老鼠由出發點 A 往前跑，H 處有一盞燈照亮 F 至 G 的路徑。第二階段，將跑過左圖迷津的老鼠移到右圖，讓牠自出發點 A 跑迷津，惟該迷津共計有十八條路線。按理老鼠應選擇與左圖最接近的路徑，由第 9、10 路徑去找尋食物，但實驗結果卻發現：老鼠選擇第六條路徑。即老鼠在歷經左圖的經驗後，在心理上已產生「認知圖」（cognitive map），所以在右圖所選擇的路徑，其終點的物理方位與左圖相同。

　　日常生活中，他們也會學到認知圖。例如：我們騎腳踏車要到捷運站（metro Taipei），到半途發現道路施工必須改道行駛，此時立即會改選到捷運站次遠的道路。又如：統一宅急便（TAKKYUBIN）司機全天在都市的大街小巷中穿梭，但是司機總是曉得如何將車子開回家，顯然這些司機已學到了整個城市的認知圖。

領悟學習實驗

猩猩

關在籠內的黑猩猩領悟到拿取
地面上的木棒去鉤取香蕉。

領悟學習強調個體學習不必經由練習或觀察，而是頓悟情境中的關係來進行學習。

方位學習實驗

老鼠在歷經左圖的經驗後，在心理上已產生
「認知圖」而尋找到食物

老鼠跑迷津

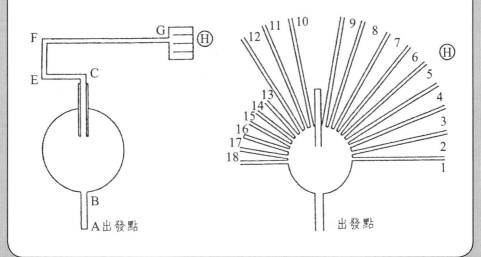

UNIT **2-9**
認知行為改變論

一、認知行為改變論的發展與涵義

行為主義始於 20 世紀的初期，卻支配了大半個世紀的心理學研究和思考，其所強調的嚴謹實驗及操作性定義，確實對心理學多數領域產生深遠影響（張春興，1993）。然而，不管是古典或是操作制約取向論者，對行為形成或學習歷程的解釋，均採取 S-R 連結論的觀點，強調經由練習而形成習慣，由簡單的動作反應到較複雜的行為表現。這些主張最後卻遭到許多批評與質疑，因而逐漸產生蛻變。正如 Kazdin（1994）所分析的，行為主義已由初期強調刺激—反應間的關係，進展到對於思想、知覺與複雜的動機歷程等主題產生濃厚的興趣。這些學者認為自動物實驗所獲得的學習型態似乎無法全盤用來說明人類的學習和思想歷程。

隨著上述行為主義基本論點的變革及應用方面的擴展，一些熱衷行為改變技術或行為治療學者，也積極注意到內隱思想歷程對於行為的影響。認知行為改變論就是結合行為理論和認知學習理論，即藉由影響個體的內在認知去改變外在的不適當行為。他們認為經由自己內在想法的改變，主動去修正外在的不適當行為，往往可使行為改變持續，不因外在增強物的消失或移除而中斷。因此，認知行為改變論者著重在個體的外顯行為及內在的認知部分，以便新的（適當的）行為能夠持續和內化。Kendall（1993）就指出認知行為改變論者是運用以行為表現為基礎的流程和認知介入方式改變個人的思考、感受和行為。

在行為改變技術的發展歷程中，不論是古典制約或操作制約取向論者，都有若干學者曾借重認知因素，例如透過「想像」或自我對話等策略，進行異常行為，諸如焦慮症、同性戀、肥胖症及酒精中毒等的矯治工作。近來有更多學者指出認知因素對行為改變確有不可輕視的影響力。因而正式使用認知行為改變術（cognitive behavior modification, CBM）或認知學習治療法（cognitive learning therapy）等名詞，並著書立說。例如：Meichenbaum 的自我教導訓練。

縱然，認知行為改變論仍有許多問題待克服，但是根據研究結果言，認知行為改變術仍是值得發展的。例如：臨床上沮喪的人會感受到對於未來的無助和悲觀、自尊低，以及譴責他們所體驗到負面事件（Rosenhan & Seligman, 1984），這些包括思想和信念的認知歷程，也會導致個體自殺的企圖和想法。因此，探究認知歷程在問題行為上所扮演的角色，並由認知角度著手來改正人們的行為仍是值得嘗試的。

二、認知行為改變術

認知行為改變術是藉轉換認知過程來改變個體的行為，此種認知過程在矯正上包括：知覺（perception）、自我陳述（self-statement）、歸因(attributions)、期望（expectation）、信念（beliefs）及想像或心像（images）等。

運用認知行為改變論而發展出的各種技巧，包括下列幾種：

1. 想像本位暴露法（imagery-based exposure treatments）

指讓個體暴露在引起焦慮的刺激情境中，以達到矯治的效果。

2. 自我教導法（self-instruction）

自我教導訓練法主要是將重點放在個體的內在語言上。它教導個體改變其內言，來直接改善其情緒困擾與不適應行為。

3. 認知重組法（cognitive reconstructuring approaches）

這些技術企圖藉由認知重組歷程來改正個體對日常生活中事件的感受，進而達到修正其問題行為與情緒。

4. 認知能力訓練法（cognitive skills trainig approaches）

認知能力訓練法主要是藉著訓練個體未曾擁有或使用過的認知能力，來矯正個體適當內隱行為的不足，使其能運用這些新技巧來降低外顯和內隱的情緒困難。

033

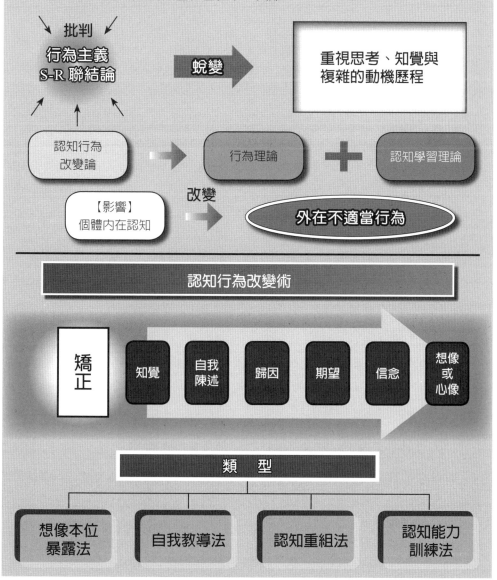

第 3 章
增進適當行為的技巧

● 章節體系架構 ▼

UNIT **3-1**
增強的意義與增強物的類型

一、增強的意義

增強（reinforcement）指凡是能使個體反應的頻率增加的一切安排。增強可分為正增強和負增強，這兩種增強作用均可以強化行為，惟若應用不當，也可能會引發不適當行為的出現。正增強是指個體行為的反應頻率會因正增強物的出現而強化。因此，在特定情境下決定是否為正增強物時，完全要看此種刺激對個體行為反應的效果而定，如果此種刺激有助行為反應頻率的增加，那麼這項刺激就是「正增強物」（Evans, Evans, & Schmid, 1989）。「增強」通常與酬賞或受歡迎的事物同義，例如老師讚美班上學生安靜學習，或孩子感謝父母為其做出一道豐盛的晚餐。

負增強是指因表現某種行為而促使厭惡性事物消失，例如：嬰兒因父母抱起而停止哭泣或老師對班上大叫直至安靜為止。負增強有時會和懲罰相混淆，因為兩者均包含厭惡性事件。不過，懲罰會導致行為降低；負增強則會造成行為強度的增加。另外，使用負增強有一項最主要的限制，就是我們須冒著產生副作用的危險，而副作用中最顯著的就是逃離或避開一切相關的人事物。

如果父母或老師是執行厭惡刺激者，他們也會成為厭惡的對象，因而離家出走、曉課等行為就會因為要逃離這些厭惡的對象而被負增強了。如果使用正增強，就不會產生這樣的副作用。因此，工商業者大都採用正增強來促進消費行為，而很少運用負增強作用的手法。

二、增強物的類型

不同的學者對於增強物有不同的分類。例如：Martin & Pear（1988）將增強物分為消費性增強物、活動性增強物、操作性增強物、擁有性增強物及社會性增強物等五種；Kazdin（1994）將增強物分為食物及其他消費品、社會性增強物、高頻率發生的行為、回饋及代幣等。

不過，多數心理學家將增強物分為：原級增強物（primary reinforcers）和次級增強物（secondary reinforcers）（Carlson, 1988; Coon, 1997; Evans, Evans & Schmid, 1989）。原級增強物是指直接滿足個體需求的刺激物（如食物、水、性）。它們是自然的、非學習的。因此，原級增強物對特定物種幾乎是普遍有效的。

次級增強物指經學習而間接使個體滿足的刺激物（如獎品、金錢、注意、贊同、成功、成績、權利、喜愛的活動、讚美和類似的酬賞等）。次級增強物之所以具強化價值，乃是經由制約學習過程學來的，又稱制約增強物（conditioned reinforcers）。活動性增強物、操作性增強物、擁有性增強物、社會性增強物、高頻率發生的行為、回饋及代幣等，都屬於這類型的增強物。

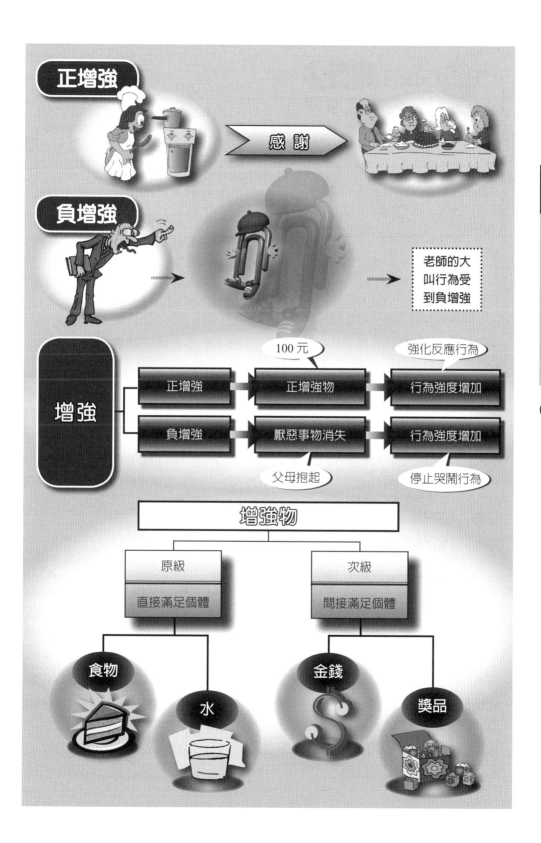

UNIT 3-2
一般增強原則

增強原理是一組可用於行為改變歷程上的原則。在實施和計畫行為改變方案時，大都是依賴這些原理。在運用增強原理時，我們則應牢記一般原則及 UNIT 3-3 之 IFEED-AV 增強原則。

一、增強作用是相對的，而非絕對的

增強某人的特定事件，對於其他人並不一定有效。因此，用來當作增強物的活動、項目或事件必須是某人所想要的事物。另外，變化增強物也是相當重要的。

二、增強取決於目標行為的出現

如果我們企圖要改變個體的特定行為，就只須增強想要改變的行為。因此，實施行為介入時，就應注意確保非目標行為不會受到無意的增強。

三、實施行為改變初期，只要一出現受歡迎行為就立即給予增強，其效果最大

也就是說，父母立即讚賞孩子整理書桌的行為，要比等待一段時間再來增強受歡迎的行為要來得有效。若增強延宕的愈長，受歡迎行為愈不可能受到增強，反而可能會強化其他的行為。

四、一旦建立行為與酬賞間的連結，就應改為間歇增強，使行為更能持續出現

由於間歇增強更類似真實生活的活動，教師想要在教室中持續且立即酬賞學生所完成的每道問題或步驟往往是有困難的。因此，教師逐漸延緩增強直到整個作業完成為止。

五、由外在增強轉為自然增強物

雖然學生可能需要外在增強物，如玩具、糖果等，不過外在增強物總是搭配社會性增強物。最後，外在增強的需求會減小，行為會受到自然發生的增強物或任務本身所直接提供的內在增強所強化。運用自然增強物的優點在於其費用低，易安排，且它早就存在環境中，行為建立後更易實施。

六、運用高頻率行為來增進低頻率行為

Premark（1959）曾觀察到可運用高可能性行為（高頻率行為），來增進低可能性行為（低頻率行為），又稱為普默克原理（Premark Principles）。這個原理主要是基於此項原則：「你做了 X，然後就可以做 Y。」正如同我們小時候，每天放學後一定會聽到一句話：「做完功課才准

出去玩」或「做完功課才可以看卡通影片」。

　一般而言，玩和看卡通影片是高頻率行為，而做功課則為低頻率行為，用高頻率（玩或看卡通影片）行為來增強低頻率（做功課）行為。又如若小威正確地完成30道數學問題（低頻率行為），就可以擁有10分鐘的自由閱讀時間（高頻率行為）。為了有效的運用這項原則，首先就必須確認哪些是高頻率行為？哪些是低頻率且想要增進的行為。

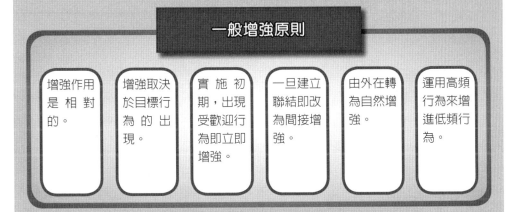

一般增強原則

| 增強作用是相對的。 | 增強取決於目標行為的出現。 | 實施初期，出現受歡迎行為即立即增強。 | 一旦建立聯結即改為間接增強。 | 由外在轉為自然增強。 | 運用高頻行為來增進低頻行為。 |

普默克原理（Premark Principles）

你做了「X（做功課」，就可做「Y(看卡通片)」

「X」（低頻率行為），「Y」（高頻率行為）

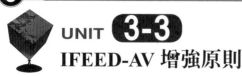

UNIT 3-3
IFEED-AV 增強原則

Rhode、Jenson 和 Reavis（1992）曾提供下列增強原則：

一、立即性（Immediately）

I 代表立即增強學生。老師延宕愈久才增強學生，增強的效果愈小。這種情形對於年幼兒童或重度障礙學生，特別是如此。

二、經常性（Frequently）

F 代表經常增強學生。學生在學習新行為或能力時，經常增強學生是很重要的。

三、熱誠（Enthusiasm）

E 代表傳遞增強物時的熱誠。傳遞給學生具體的增強物是相當容易的，不過若要搭配熱誠的評論則較為費力。對於大多數的老師來說，剛開始是有點人工化的，不過經過練習之後，熱誠就會產生不同的效果。

四、眼神注視（Eye Contact）

對老師來說，給予學生增強物時，即使學生並沒有注視老師，用眼睛注視學生亦是很重要的。就像熱誠一樣，眼神注視意味著學生是特別的，獲得老師無可分割的注意。多次之後，眼神注視本身可能就具有增強作用。

五、描述行為（Describe the Behavior）

D 代表描述被增強的行為。學生愈年幼或愈重度，描述被增強的適當行為就愈重要。即使學生瞭解被增強的行為是什麼，描述它是很重要的。

六、預期（Anticipation）

建立獲得增強物的預期和興奮感，可以激發學生做更好的動機。老師使用愈有生氣，學生獲得增強物就會愈興奮。此外，用神祕的方式呈現潛在的增強物，也可建立預期性。

七、變化性（Variety）

就像大人一樣，學生（尤其是頑皮的學生）往往會對同一事情感到厭倦。某些增強物可能極受到歡迎，但是重複使用之後，它的效果可能就會消失。不管怎樣，變化性是障礙和非障礙者的生活調味品。因此，經常改變增強物使得增強更具有效果是有必要的。

圖解行為改變技術

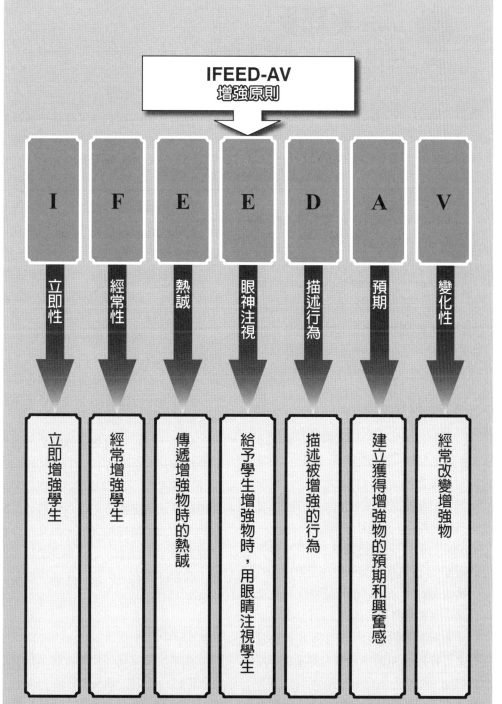

IFEED-AV
增強原則

I　F　E　E　D　A　V

立即性　經常性　熱誠　眼神注視　描述行為　預期　變化性

立即增強學生

經常增強學生

傳遞增強物時的熱誠

給予學生增強物時，用眼睛注視學生

描述被增強的行為

建立獲得增強物的預期和興奮感

經常改變增強物

UNIT **3-4**
運用次級增強物來增進行爲

　　次級增強物有多種分類方法，以下著重於探究具體增強物、活動性增強物、社會性增強物及代幣增強等四種次級增強物之運用，來增進適當的行爲。

一、具體增強物

　　包括糖果、玩具、衣服、橡皮擦和鉛筆等。具體增強物對我們日常生活的行爲會產生強烈影響，當我們到商店購買新衣服時，新衣服就是購買行爲的具體增強物。通常，在自然環境上其他增強物要比具體增強物更可行，且具強化作用。因爲這種增強物較易達到飽足，只適用短期訓練與工作次數較少的作業。

二、活動性增強物

　　活動性增強物包括權利或喜愛的活動。有些父母可能會對孩子承諾：「完成回家作業之後，就可以看電視或打電動玩具。」看電視或打電動玩具可能是兒童自由選擇時，喜愛且經常出現的活動。Kazdin（1975）曾提出幾項活動性增強物的限制：(1) 有些活動無法在受歡迎行爲之後立即給予，如兒童可能無法在完成作業，立即贏得額外休息；(2) 活動可能是全有或全無的情境，學生不是獲得就是失去權利；(3) 許多活動是兒童自行可獲得的，如額外休息、午餐等；(4) 在某些案例中，活動性增強物會造成受歡迎行爲的中斷。

三、社會性增強物

　　社會性增強物包含人際動作或行爲的正面行爲後果，如口語表達或回饋、非口語表達、接近或身體接觸等。如果提供社會性增強物者對接受者是重要的，那麼社會性增強物就會具有特殊價值。通常，注意或贊成的行爲反應就可促使他人產生更多的積極反應。

　　運用社會性增強時，我們應牢記幾項原則：(1) 社會性增強物總是因適當行爲的表現而發生；(2) 口頭讚美、表達、語調變化及熱情程度應該有所變化；(3) 讚美形式也應有改變，教師的適時、語調、眞誠、韻律及臉部表情，都會影響到社會性增強的效果；(4) 社會性增強總是搭配其他增強物使用。

　　另外，運用社會性增強物來增進人們的行爲有下列優點：(1) 社會性增強物快速且易實施；(2) 目標行爲出現後，可立即給予，而提高其成效；(3) 社會性增強物，如讚美或輕拍背部，通常很少會干擾到進行中的行爲；(4) 對多數行爲來說，此類酬賞在人們每日生活中就已自然發生。

四、代幣增強

　　代幣增強又稱「代幣增強系統」或「代幣制」。它是一種使用籌碼（tokens）來縮短受歡迎行爲和酬賞之間的動機系統（Ayllon & McKittrick, 1982）。代幣增

強系統在許多情境中有效，如特殊教育、普通教育、醫院、住宿機構和家裡。

在代幣系統上，學生賺取籌碼，如積分（點）、瓶蓋、郵票、貼紙、笑臉、星號或票券等，這些代幣的功能就像我們社會生活中所使用的金錢一樣，代幣本身並不具增強作用，後援增強物就是代幣可用來交換的酬賞（Kazdin, 1994）。這些後援增強物通常是權利、活動或是具體物。另外，後援增強物可以是有趣且多變化的，且代幣制可縮短學生良好行為和酬賞之間的差距。

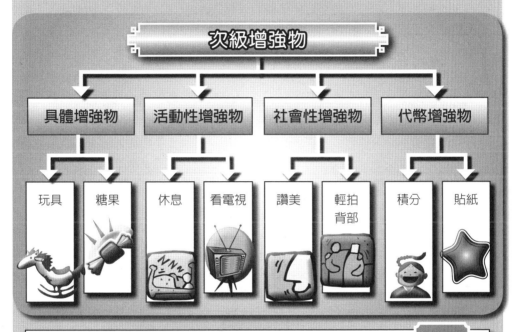

程序一：確定 1 至 4 項你想要改變的目標行為

程序二：選擇使用的代幣種類

程序三：建立每天給予學生贏得代幣數目的回饋

程序四：決定後援的增強物

程序五：設定每一目標行為的代幣值及酬賞的購買價值

程序六：提供學生根據每日和每週的積分數來賺取每日和較長期的酬賞

程序七：利用圖表追蹤每日所賺取的籌碼

代幣增強系統建立的程序

UNIT **3-5**
運用次級增強物增進適當行為的範例

一、指責不如誇獎

國內有位媽媽和幾個姊妹淘在一起話家常時，她們都很羨慕她是如何把三個孩子教育得很不錯。她指出和孩子相處，只秉持一個六字箴言的原則：「多說正面的話」。

起初，她和一般父母一樣，都有「望子女成龍成鳳」的心態，渴望把第一個孩子塑造成優雅又有氣質的人，作為弟妹的楷模。於是就對第一個孩子提出許多要求和規矩，只要孩子稍微沒有達到標準，便加以指責，一些難聽的、負面的話都出籠了：「你真笨，這麼簡單的問題也不會！」、「你不乖，就不給妳飯吃！」誰知效果適得其反，孩子竟然變得怯弱，凡事都顯得畏首畏尾。因此，她就立即調整這種教養孩子的方式，不再口出惡言，改以讚美、鼓勵的話語（社會性增強）來激勵孩子，孩子居然有了很大的轉變，不再退縮，反而充滿自信，勇敢的接受挑戰。即使孩子們偶爾犯錯，也不會給予責備，反而對他們說：「媽媽永遠愛妳，支持妳」、「沒關係，人非聖賢，只要盡力就好，加油！」在她這樣的激勵下，孩子很快就建立自信心，做起事來也就更加得心應手了。

二、老師特殊的「**100**分評分機制」，讓學生提升自信

依據日本媒體（withnews）報導，日本有位媽媽發現升上 2 年級後，由於更換了評分較嚴格的導師，即使孩子只是數字、漢字寫得醜一點也會被老師扣分，所以已經很久沒看到滿分考卷了。那時兒子甚至還會把滿江紅的考卷，偷偷藏在書包裡，彷彿不希望她看到一樣。但是升上 3 年級的兒子突然成績猛進，不論是國語還是數學，一直都拿滿分回家，導致她自己對兒子常拿「滿分」這件事感到有些疑惑。

她細看了考卷，發現有些地方，老師有用紅筆批改過。原來考卷第一次發回來時沒有打分數，而是「將退回來的錯誤全部修改完後，老師才會給 100 分。」一開始就 100 分的人，則會被畫上花型圖案（表示成績優異）。

這位媽媽也強調，她並不覺得評分嚴格就是不好，孩子也因為受到 2 年級嚴師的洗禮，現在才能寫出一手好字。雖然新的「100 分評分機制」有點暗藏玄機，不過孩子在新老師的帶領下，有了明顯改變，特別是寫回家作業的時候，變得能更輕鬆地完成，且過往的緊張感也不見了，而且能看到孩子拿到 100 分，心裡還是比較開心！（修改自 https://tw.news.yahoo.com/2022.05.13）

指責不如誇獎

孩子稍微沒達到標準

便指責：「你真笨，這麼簡單的問題也不會！」

孩子變得怯弱，凡事都顯得畏首畏尾

調整教養方式

不再口出惡言

改以讚美、鼓勵的話

孩子不再退縮，充滿自信且勇敢接受挑戰

045

老師特殊的「100 分評分機制」，讓學生提升自信

細看考卷

發現有些地方，老師有用紅筆批改過

第一次發回來時

原來考卷沒有打分數

錯誤全部修改完

老師才會給 100 分

孩子有明顯改變

寫作業時，變得更輕鬆完成且緊張感也不見了

UNIT **3-6**
運用行為契約來增進行為

3
圖解行為改變技術

有時針對一大群學生使用特別的增強系統是很困難或不甚適當的。為了個別或有系統處理學生各種興趣、需求或能力，我們可採用行為契約（behavior contract）。行為契約是增進自我管理、學業及社會發展的好方法（Murphy,1988）。運用行為契約作為行為改變技術乃是基於 Premark（1965）所發展出來的原理：「高發生率的行為可用來增進低發生率的行為。」實施增強也常採用行為契約的形式，也就是希望改變行為的人和要改變行為的學生之間所訂立的契約。在契約中須明白地描述行為與結果之間的關係，使得學生與老師或父母對於完成某特定的行為可以得到特定的增強物，有共同的認知。

一、行為契約的要素

理想上，行為契約通常有五項要素：(1) 要詳細列出雙方所期待的；(2) 個案行為是易於觀察的；(3) 若個案不能達到預期行為，將不能得到任何增強物；(4) 若能持續遵守契約，就有紅利條款來鼓勵個案；(5) 契約可監控，記錄增強的次數。因此，老師可以藉由寫下師生之間的行為契約來形成任何行為的處理方案，尤其是針對中高年級的學生。

契約上，老師應該清楚自己和學生的責任。然而，如果父母也包括在內，也應包含其責任。老師可能會發現以契約的形式寫下要求，學生會比較認真，特別是學生亦簽名同意的行為契約。行為契約可以是具有視覺吸引力的，使其變得更為有趣。

二、行為契約的優點

行為契約具有幾項優點：

1. 個案對行為契約的擬定有參與感，表現會較好。
2. 個案對契約的實施較不具有厭惡感。
3. 擬定契約的雙方可以協調契約的內容。
4. 遊戲規則明確，個案可以明瞭自己應完成的行為，而執行者則可掌握給增強物的時機和數量。
5. 契約對於整頓人際關係之間不良的互動特別有用。

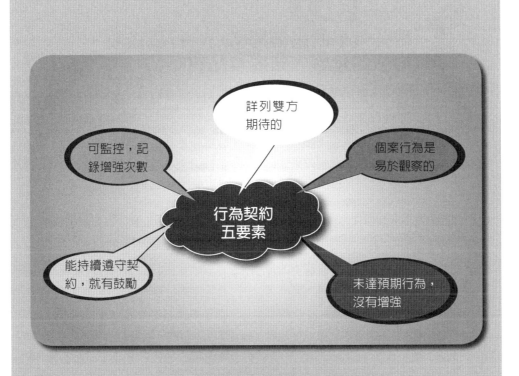

可監控，記錄增強次數

詳列雙方期待的

個案行為是易於觀察的

行為契約五要素

能持續遵守契約，就有鼓勵

未達預期行為，沒有增強

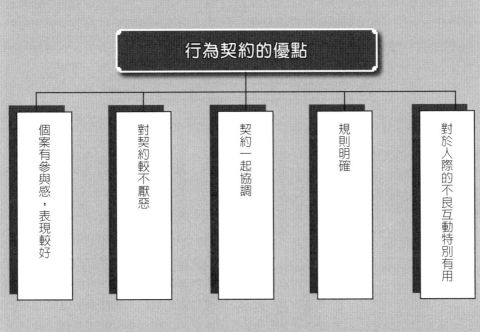

行為契約的優點

個案有參與感，表現較好

對契約較不厭惡

契約一起協調

規則明確

對於人際的不良互動特別有用

UNIT **3-7**
增強效果的影響因素——行為後效、增強的延宕、強度及品質

為何有些增強物要比其他增強物有效呢？增強效果的發揮有賴於許多的因素，其中需注意的是如何有效運用這些增強物。以下是一些影響增強效果的因素：

一、行為後效的運用——適時或不適時

要使增強物產生效果，最基本的是使增強物對行為產生後效作用。亦即，只有在受歡迎的行為出現時，才提供增強物。若不能適時提供增強物，行為就不會獲得改變。

「行為後效增強」與「非行為後效增強」之間有很大區別，行為後效增強往往可造成顯著行為改變，而「非行為後效增強」則只會造成些微或未能產生行為改變。如果有時提供增強，有時未能提供增強往往會導致平平的行為改變。至於為何「非行為後效增強」也能使得行為產生改變，原因在於「非行為後效增強」有時會碰巧隨著受歡迎的行為而出現，因而對此行為產生斷斷續續的增強。不過，若我們的目標是真正要使行為發生改變，就應避免「非行為後效增強」。

二、增強的延宕——快或慢

增強效果繫於行為和提供增強物之間的時間。個體表現出受歡迎行為後，立即提供增強物，要比延宕提供增強物的效果要好。目標行為出現時，立即提供增強是非常重要的。惟若是此行為已能持續產生時，行為與增強之間的時間就可漸增，而不致減少反應的產生。

三、增強物的數量或強度——多或少、大或小

增強物的數量也可決定反應行為是否能達到什麼程度。增強愈多，反應就會愈常發生。雖然增強的強弱直接與行為表現有關，但是此種關係是有限制的。無限量的增強，並無法保證高頻率的正確行為表現。一旦增強物提供過量會喪失其效果，尤其是原級或具體增強物，這種現象即所謂的飽足。這種飽足感是暫時的，一旦減少時，這種增強物又會變得很有效。至於次級增強物也會有飽足現象，但程度並不如原級或具體增強物。

四、增強物的品質或形式——喜好或不喜好

增強物的品質並不像數量是可計算的，而是取決於個體的偏好程度。這可經由詢問個體，讓其在兩種或多種增強物中選擇何種為其所喜好者，然後測定增強物對其行為表現的影響價值。一般來說，個體愈喜好的增強物，愈能導致其行為產生改變。

行為後效的運用
—— 適時或不適時

- ·在受歡迎的行為出現時，才提供增強物。
- ·若不能適時提供增強物，行為就不會獲得改善。

增強的延宕
—— 快或慢

- ·表現出受歡迎的行為後立即供增強物，要比延宕提供增強物的效果更好。
- ·惟若是此次行為已經持續產生時，行為與增強之間的時間就可漸增。

增強物的數量或強度
—— 多或少、大或小

- ·增強物的數量愈多，反應就愈會發生。
- ·雖然增強的強弱直接與行為表現有關，但無限量的增強並無法保證高頻率的正確行為表現。

增強物的品質或形式
—— 喜好或不喜好

- ·增強物的品質取決於個體的偏好程度。
- ·個體愈喜好的增強物愈能導致其行為產生改變。

UNIT **3-8**
增強效果的影響因素——增強時制

增強時制（schedule of reinforcement）指訂定特定反應及反應次數（如上網行為或次數）之增強規則。最簡單的時制是每當某反應發生時就給予增強，稱為連續增強；反之，若出現幾次正確反應後再給予增強，稱為間歇或部分增強。

若以增強階段來說，連續增強比部分增強更能提高目標行為的出現率。因此，當我們想要發展目標行為時，應使用連續增強。連續增強的優點是使目標行為的出現率較高，而部分增強的優點是使目標行為的減低率較緩慢。也就是說，建立目標行為時宜用連續增強，俟行為建立後的維持階段，就應使用部分增強。

部分增強時制有四種基本形式：

一、固定比率增強時制（**Fixed Ratio, FR**）

指達到設定的正確反應數目，方能獲得增強，亦即增強的給予繫於特定次數的反應行為（Coon, 1997）。例如：每當出現十次正確的反應行為時，就可獲得增強。不過，固定比率的大小會影響到其反應行為的程度。尤其，增強之後出現的反應行為會有暫時停止的現象，然後再漸漸快速地增加，直到獲得下一次的增強為止。如果固定比率較大時，就會發生較長的停止現象。惟若在出現反應行為時，就會盡快地完成固定比率所要求的反應行為次數，以獲得下次的增強。

二、變動比率增強時制（**Variable Ratio, VR**）

指達到變動的正確反應數目，方能獲得增強，亦即增強的給予繫於變動次數的反應行為。例如：每當出現三至七次正確反應後，就可獲得增強；真正的行為反應數目是隨機的。變動比率增強時制也可產生高的反應速率。由於提供增強的時機是較難預測的，因而變動比率增強時制所維持的反應行為，比固定比率增強時制所維持的反應行為的消弱速率來得慢。例如：玩吃角子老虎或釣魚等行為，均是變動比率增強時制的實例。

三、固定時距增強時制（**Fixed Interval, FI**）

指在達到固定的時間數量後，其反應行為方能獲得增強，亦即增強的給予繫於特定時間的反應行為。例如：每隔5分鐘後出現正確的反應行為時，就可獲得增強。就反應速率而言，固定時距增強時制在增強後，通常會類似固定比率增強時制，而有明顯的停止現象。

四、變動時距增強時制（**Variable Interval, VI**）

指達到變動的時間數量之後，方能

獲得增強，亦即增強的給予繫於不固定時間的反應行為。例如：每隔 5 至 15 分鐘後出現正確反應行為，始能獲得增強；真正的時間數量是隨機的。在學校中，老師給學生的各種小考就具有變動時距增強時制的特色，老師並不預先告訴學生小考及其間隔的時間。一般而言，變動時距增強時制下之反應行為，比固定時距增強時制下之反應行為的出現率來得高。

增強時刻
──連續或間歇

· 每當某反應發生就給予增強→間歇增強；出現幾次正確反應後再給予增強→間歇或部分增強。
· 連續增強比部分增強更能提高目標行為的出現率；部分增強使目標行為的減低率較緩慢。

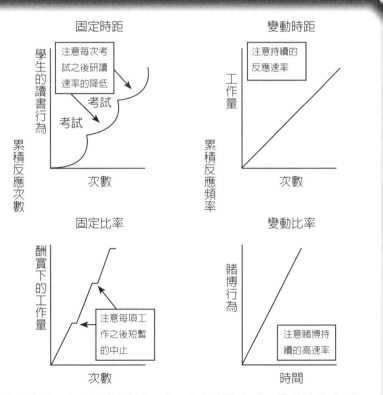

固定比率（FR）、變動比率（VR）、固定時距（FI）、變動時距（VI）
等四種增強時制的效果

UNIT **3-9**
增強不同行爲層面與同時發生的增強時制

一、增強不同的行爲層面

1. 特定行爲的持久性

雖然增強常用來增強行爲的比率，不過增強也可能影響其他的行爲層面，諸如持久性、強度或延宕時間。如果一種增強物偶然發生於一種特定行爲的持久性上，這項特定行爲的持久性就更可能發生。例如：若要求兒童只有在放學完成半小時的家庭作業（特定行爲的持久性）後，才能外出遊玩（增強物），他將更可能寫家庭作業 30 分鐘（行爲的持久性）。

2. 特定行爲的強度

如果增強物偶然發生於特定行爲的強度，那麼行爲更可能發生於那種強度。例如：假如一扇門受制於冷風，你須更用力來推開它，那麼更用力推（行爲的強度）會受到強化，你更可能用力推開門（增進強度）。

3. 降低反應的延宕時間

如果增強物偶然發生於降低反應的延宕時間，那麼降低延宕時間（增進速度）會受到強化。例如：兒童在父母給予指示後，立即順從指示，那麼立即反應（短的延宕時間）會受到強化，兒童更可能在父母要求時立即回應。

二、同時發生的增強時制

在多數情境上，個人可能從事一種以上的行爲。針對個人在特定時間上能夠從事的每種可能的行爲，有特定的增強時制。所有對個人行爲在某時有作用的增強時制，稱爲「同時的增強時制」（concurrent schedules of reinforcement）。針對不同的反應項目，個人基本上會依靠增強時制、增強數量、增強的立即性及反應努力來從事某一反應項目。例如：小英有機會爲其朋友作工每小時 120 元，或在沖印店每小時 90 元協助表弟。她可能協助其朋友，因爲增強數量較大。如果兩種工作每小時都要付 100 元，但是某一種工作較爲容易，小英可能選擇較爲容易的工作。

同時的增強時制研究顯示人們常從事能夠導致更多經常性增強、較大增強數量、更多立即增強或較少的努力（Piazza, et al., 2002）。在行爲改變技術的運用上，有關同時發生的資訊是重要的，因爲不受歡迎和受歡迎的行爲可能同時發生增強時制。而運用增強強化受歡迎行爲時，你也須考量不受歡迎行爲的增強時制。

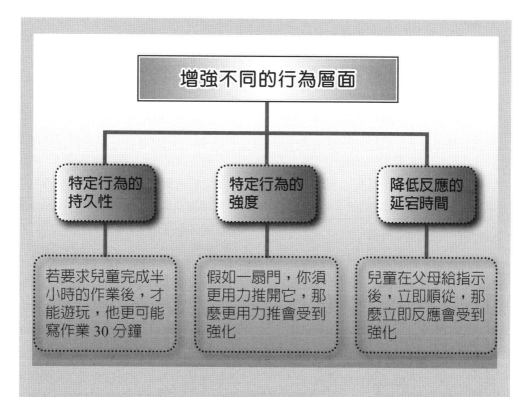

增強不同的行為層面

特定行為的持久性

若要求兒童完成半小時的作業後，才能遊玩，他更可能寫作業 30 分鐘

特定行為的強度

假如一扇門，你須更用力推開它，那麼更用力推會受到強化

降低反應的延宕時間

兒童在父母給指示後，立即順從，那麼立即反應會受到強化

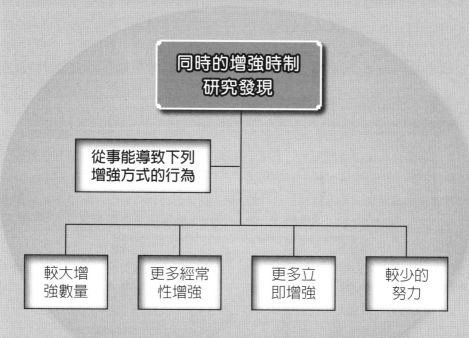

同時的增強時制研究發現

從事能導致下列增強方式的行為

較大增強數量

更多經常性增強

更多立即增強

較少的努力

UNIT **3-10**
增強原理的負面範例

圖解行為改變技術

054

在現實社會環境中，增強原理亦可能被有意或無意地制約、誘發或強化人們主動或被動表現出的不適當行為。在現實社會中這類例子甚多，可謂不勝枚舉。茲簡要呈現若干實例如下：

一、引人入彀的行為

國外有位住在華盛頓郊區的中年企業家，收到一件由奈及利亞石油公司發出的傳真（引人入彀的行為），具名者是名陌生人，此人在傳真上說，如果這名企業家願意讓奈及利亞的投資人將政府基金的盈餘存在他的銀行帳戶裡，他可獲得一筆美元巨款的 25% 回扣（企業家可得到增強）。後來這名企業家依對方指示付了律師費、手續費和稅款（陌生人得到增強），結果一毛錢也沒拿到。

二、電子商務詐欺，虛擬世界充滿陷阱

隨著網路科技日益發達，利用電子商務詐財的手法也推陳出新，有的詐騙集團虛設公司網站（不適當的行為）販售廉價物品，騙取網友線上購物詐財（騙取者得到增強）；也有騙子利用網路匿名的特性，在聊天室假稱自己是某大公司總經理或某大專院校高材生（不適當的行為），對網友騙財騙色（騙取者得到增強）。又如詐騙集團以國際企業財團名義印發傳單，宣傳刮刮樂贈獎（不適當的

行為），一旦民眾有了領獎的念頭，就很容易陷入詐騙集團所設計的連環圈套（不適當的行為），讓民眾感覺如不趕快匯出中獎金額 15% 的稅金，就會被取消資格成為傻瓜，於是第一筆錢匯出，愈陷愈深（騙取者得到增強）。

三、各種詐財手法

近年出現許多詐財類型及手法（不適當行為），結果使詐騙者得到增強。這些詐財手法包括：(1) 刮刮樂詐財：郵寄中獎彩券，讓收信者以為中大獎，匯給中獎稅金；(2) 手機簡訊詐財：傳簡訊向收訊者稱中大獎，並要求與收訊者帳戶連線匯入獎金，實際是操作匯款手續；(3) 電話及存證信函詐財：佯稱退稅或退健保費，實則利用 ATM 提款機騙被害人將錢轉入歹徒帳戶；或廣寄存證信函及法院行政執行通知，指被害人欠債未還，限期匯款到指定保管帳戶；(4) 購物詐財：在拍賣網站或報紙刊登廣告，聲稱可超低價購物，騙被害人匯款；(5) 網路遊戲寶物詐財：在網路聊天室誘騙被害人寶物的帳號和密碼，取得寶物出售或佯稱販賣寶物詐財；(6) 求職型詐財：在報紙上登廣告佯稱徵才，騙取應徵者報名費；或刊登徵家庭代工，要被害人匯款工具或建立帳戶連線工資，卻是匯款歹徒帳戶；(7) 信用貸款詐財：冒充銀行辦理信用貸款，騙取被害人匯代辦費。

四、財金資訊公司職員盜賣金融卡密碼案

　　國內有家財金資訊公司職員盜賣金融卡密碼案，經檢調人員深入追查，發現偽卡集團與財金公司職員等人搭上線後，就經常招待他們到酒店喝花酒（增強），讓這些電腦工程師備受禮遇，幾次下來，工程師都沉迷其中。但這些酒店都是高消費，加上若帶女侍出場，甚至高達 10 多萬元。電腦工程師沒經濟能力消費，最後均落入偽卡集團的圈套，在收受偽卡集團賄賂的情況下（增強），遂利用在財金資訊公司職務之便盜賣金融卡密碼（不適當行為），讓偽卡集團製造假卡（偽卡者得到增強）。

增強原理的負面範例

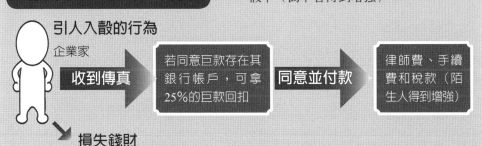

引人入彀的行為
企業家
收到傳真 → 若同意巨款存在其銀行帳戶，可拿25%的巨款回扣 → 同意並付款 → 律師費、手續費和稅款（陌生人得到增強）
↘ 損失錢財

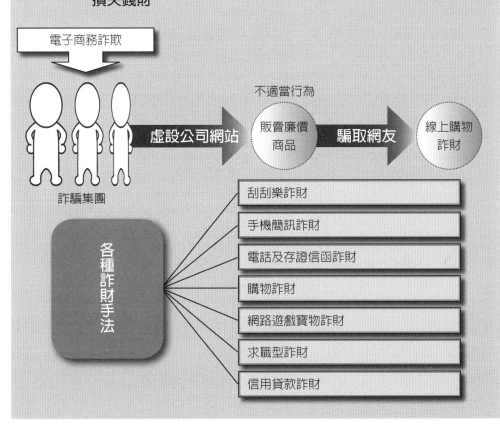

電子商務詐欺

詐騙集團
虛設公司網站 → 販賣廉價商品（不適當行為） → 騙取網友 → 線上購物詐財

各種詐財手法
- 刮刮樂詐財
- 手機簡訊詐財
- 電話及存證信函詐財
- 購物詐財
- 網路遊戲寶物詐財
- 求職型詐財
- 信用貸款詐財

第 4 章
降低或消除
不適當行為的技巧

●●●●●●●●●●●●●●●●●●●●●●●● 章節體系架構 ▼

UNIT **4-1**
區分性增強——DRL 和 DRO

圖解行為改變技術

　　由於增強是用來增加行為的技巧，我們常認為用它來降低行為是不適當的。惟不適當行為的確可經由增強技巧降低。在降低不適當行為方面，「區分性增強」（differential reinforcement, DR）是最為受歡迎的介入技巧，其重點是針對個體所表現的行為，而非不適當的目標行為。它是一種正面的方法，採取此種策略個體仍能獲得增強。

一、低頻率行為的區分性增強

　　「低頻率行為的區分性增強」（differential reinforcement of low rates of behavior, DRL）就是當不適當目標行為的次數減少，或未發生該行為的時間增加時，就提供增強的行為後果。DRL 被適當地使用於可容忍或受歡迎，但卻常發生或發生太快的行為。例如：讓學生投入班級討論或回答問題是受歡迎的行為，但是不能讓其支配討論與剝奪其他學生的權利在 50 分鐘內超過十次。

二、區分性增強其他行為

　　「區分性增強其他行為」（differential reinforcement of other behavior, DRO）指除不受歡迎的目標行為（如大叫、在教室走動）外，對學生表現出來的其他行為均給予增強，又稱「區分性增強零反應行為」（因為一種特定的反應行為未發生而獲得增強）。例如：大年在 10 分鐘內不吸吮其拇指，老師就會提供增強。當行為有改進後，「區分性增強其他行為」的時間長度就可增加，每次只要不受歡迎行為一發生，一個新的時間環節就會重新開始運作。例如：老師要求一位重度智障者在 1 分鐘內如果沒出現自傷行為，就可喝一口可樂作為增強物，然後再逐漸增長時距為 3、8、10 分鐘，直至個案的自傷行為獲得良好的控制為止。

　　Axelrod（1983）曾指出，DRL 和 DRO 時制都是結構性且無爭議性的降低行為程序。惟由於學生表現出任何其他行為（非目標行為）而受到增強，不受歡迎行為仍可能會受到增強。例如：學生因為低或零頻率的大聲說話而受到增強，但是可能會表現出比大聲說話來得嚴重的行為，如打人。

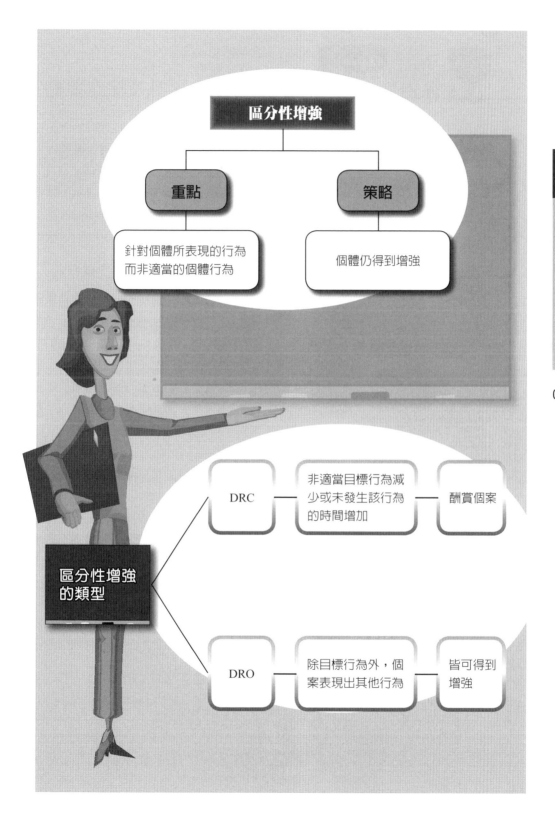

區分性增強

重點

針對個體所表現的行為
而非適當的個體行為

策略

個體仍得到增強

區分性增強
的類型

DRC

非適當目標行為減
少或未發生該行為
的時間增加

酬賞個案

DRO

除目標行為外，個
案表現出其他行為

皆可得到
增強

UNIT **4-2**
區別性增強——DRA、DRI 優點及注意要點

一、區分性增強替代性行為

「區分性增強替代性行為」（differential reinforcement of alternative behavior, DRA）就是增強一群正向行為，不管這些正向行為是否與不適當行為相容或不相容，來作為不受歡迎行為的另一種選擇，進而達到降低不受歡迎的行為。這種方法已在許多方案中有效使用。例如：ADHD 學生在教室或家中的行為，就可由這項增強技巧來改變。這些過動行為包括一直打擾別人、滔滔不絕的陳述、離開座位、連珠砲似地說話、走來走去、不聽從老師或父母的指示，以及總是在做不適當的活動。

針對這些不適當行為，大都會提供代幣、讚美、其他物品的獎賞、做功課、在位置上做自己的事、及從事較為節制和安靜的活動等這類正向行為。而這類行為改變方案往往可減少過動行為，並增進 ADHD 學生做事和做功課的表現。

二、區分性增強不相容行為

「區分性增強不相容行為」（differential reinforcement of incompatible behavior, DRI）是一種確認與目標行為不兩立行為的程序，然後增強學生表現出不相容或不兩立的行為。譬如：學生不坐在座位上，而在教室閒逛。如果目標行為是未經允許而離開座位，那麼老師應增強學生某一時間內坐在座位上的行為。起先，老師可每隔 5 分鐘增強學生坐在座位上的行為，然後再逐漸延長時間或變化增強間的時距，以消除學生預測增強時制的情形。

三、區分性增強優點及注意要點

這種技巧有幾項優點：(1) 它要求實施行為改變者針對且酬賞適當行為；(2) 它要求避開懲罰及其可能的副作用；(3) 它可由不同個人在多重情境中使用，有助產生類化；(4) 由於老師所傳遞的是正面行為後果，因此可提高正面的師生互動。

值得注意的是，如果學生因過去表現目標行為（不適當行為）而獲得增強，則區分性增強不相容行為和替代性行為可能會無效。也就是說，如果學生表現出目標行為且被強化一段較長的時間，這些區分性增強的型式可能無法達到改變行為的目的。在此種情形下，或可採用其他降低行為的策略，抑或使用區分性增強結合其他策略。

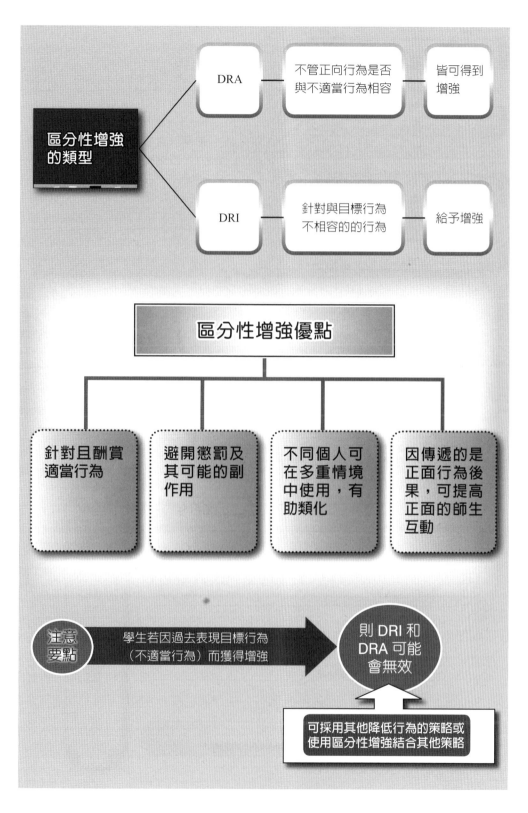

DRA — 不管正向行為是否與不適當行為相容 — 皆可得到增強

區分性增強的類型

DRI — 針對與目標行為不相容的的行為 — 給予增強

區分性增強優點

針對且酬賞適當行為

避開懲罰及其可能的副作用

不同個人可在多重情境中使用，有助類化

因傳遞的是正面行為後果，可提高正面的師生互動

注意要點 — 學生若因過去表現目標行為（不適當行為）而獲得增強 — 則 DRI 和 DRA 可能會無效

可採用其他降低行為的策略或使用區分性增強結合其他策略

UNIT 4-3

消　弱

一、消弱的涵義

消弱（extinction）包括排除或中斷不適當行為之後果的增強效果，又稱系統化忽視（systematic ignoring）。如果排除增強，那隨行為而來的增強比率將會降低。由於消弱避免使用懲罰及其效果的持久性，而被視為是一種無爭議且正面的程序。

就像正增強一樣，我們很少瞭解每天我們多常受到消弱的影響（Martin & Pear, 1983）。父母可能會忽視兒童希望引起注意的大叫和妻子可能會忽視丈夫對其工作上過於投入的抱怨等。此外，消弱也常在班級上使用來消除不適當行為。又如老師亦可能會藉由撤除老師的注意，而忽視學生咬指甲的行為。有許多不適當行為會受到增強後果而獲得維持。老師和父母常會因給予注意而不是忽視，而強化或維持不受歡迎行為。例如：父母接近正在哭泣的兒童，可能就會正面強化哭泣行為。如果撤除父母的注意力，最後兒童的哭泣行為就應該會降低。

當然，如果用法錯誤，消弱也可能會降低受歡迎的行為。例如：老師常增強小明坐在椅子上進行學習的行為，如果這種良好行為受到另一位老師的忽視，小明可能就會開始出現離開座位行為。當所強化或維持的行為是適當的，那麼預防消弱的發生就是重要目標了。

二、應用消弱技巧應考量的課題

1. 不適當行為若受到多重增強物的維持，就須決定何種事件受到增強

想要確定增強物可能是一件耗時和嘗試錯誤的過程。例如：老師的大叫和同儕的大笑，均可能會單獨或同時維持學生的不適當行為。也就是說，老師須能確定和消除正在維持不適當行為的增強性行為後果。

2. 老師想要忽視的不適當行為可能會受到其他班上同學的模仿

這種情況往往會增強不適當行為，使這項行為很難獲得消弱。因此，老師應防止他人增強不受歡迎的行為。為有效控制班上學生所傳達的增強性行為後果，老師可增強他們以制止來自特定學生的注意。

3. 消弱的效果並非立竿見影的

經由消弱的行為，其降低比率非常的慢，往往需持續一段不確定的時間，這種現象稱為「抗拒消弱」（resistance to extinction）。如果所消弱的行為受到間歇增強所維持，那麼這項特性應注意。反之，如果行為是受到連續增強所強化，行為就可很快地獲得消弱。在行為開始降低之前，不受歡迎行為可能就會變得更壞或更激烈。因此，父母和老師在心理上應有準備，才能持續地忽視不適當行為。

4.雖然行為已受到消弱，這項行為仍可能再度發生

這種現象，就是所謂的自然恢復，常發生在行為受到增強的類似情境中。

三、應用消弱技巧的原則

1. 首先必須確定維持行為的特定增強物。
2. 任何與表現出不適當行為之個案接觸的人，都必須一致地使用消弱技巧。
3. 若能結合增強來增強其他更為適當或不相容的行為時，消弱最為有效。

四、應用消弱技巧的限制

雖然消弱是降低各種不受歡迎行為的有效方法。不過，也有學者認為其用途是有限制的（Morris, 1985）。對某些行為來說，消弱效果太慢以致效果不彰；其他如自傷行為可能過於危險而無法採取消弱。因此，如果採用的消弱技巧未能發生作用，則可改採其他步驟，如隔離、行為契約、系統化的增強、過度矯正及代幣制。

不適當行為若受到多重增強物的維持，須決定何種事件受到增強。

用消弱技巧應考慮的課題

老師想要忽視的不適當行為可能會受到其他班上同學的模仿。

消弱的效果並非立竿見影的。

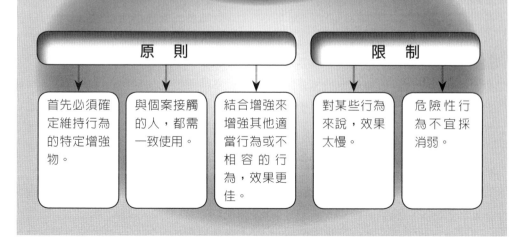

消弱技巧

原　　則			限　　制	
首先必須確定維持行為的特定增強物。	與個案接觸的人，都需一致使用。	結合增強來增強其他適當行為或不相容的行為，效果更佳。	對某些行為來說，效果太慢。	危險性行為不宜採消弱。

UNIT 4-4
反應代價

一、反應代價的涵義

反應代價指拿掉權利、籌碼或活動作為不適當行為之行為後果，抑或指個體因表現出特定的不適當行為而排除增強刺激。在撤除增強之前，執行者須確定學生有積極增強的維持，而排除增強物就有點像懲罰的形式。在日常生活中，存在許多運用「反應代價」的實例，包括交通違規的罰鍰、權利或所允許的活動被撤除等。「反應代價」就是運用人們想保有增強物，不喜歡有虧損的心理，藉著若表現不適當行為，則扣除他所擁有的某些增強物（如籌碼、零用錢、延後下課、記過扣操行成績等）來改變行為。

使用上，「反應代價」若與「代幣制」結合，其效果更佳。也就是說，每當學生表現出適當行為時，就依約給予代幣，可讓學生應付表現不適當行為時的虧損；每當學生表現出不適當行為時，就扣除他所擁有的代幣。

建立「反應代價」的方法有幾種，例如：老師可建立一個系統，只要學生每次出現攻擊行為，將會喪失 5 分鐘的自由活動時間。沒有攻擊行為的學生，則可賺取 5 分鐘的自由活動時間。

二、運用「反應代價」應注意的要點

1. 不要任意地使用此一程序。老師應事先計算何種行為會導致損失和一致性的運用行為後果，並確定學生瞭解何種行為會導致付出代價。

2. 拿走權利前，老師要給予學生警告一次。這將會有助於學生學習此系統。

3. 學生很生氣時，老師要使用同情的陳述來安撫生氣。我知道在遊戲中要停止是很困難的，但現在是清理的時候了。

4. 老師的警告不要超過一次。

5. 老師要確定所損失的權利或活動，對於學生來說是有意義的。例如：雖然多數學生會介意失去休息時間，不過有些學生卻喜愛停留在裡面。

6. 老師要保持冷靜，不要使用煽動性語言。不要爭論或演講，不要過於情緒化或花費太多時間來解釋自己。

7. 可能的話，老師要試著忽視對立性的口頭陳述，僅提供真正不順從的行為後果。

8. 老師使用反應代價最常見的錯誤之一，就是開始時不要給予充足的代幣。老師要設定公正的、真實的目標，學生成功後，就可增加目標。有時可能損失所有的代幣，但是如果一直是如此，那麼目標就是太高了。

9. 老師要確定注意到正面的行為。有時使用反應代價可能會導致更加注意負面的行為，千萬不要讓這種事情發生。

三、影響反應代價實施的因素

反應代價會受到幾項因素的影響而提高：(1) 罰鍰的數量應配合不適當行為的嚴重性，及行為愈嚴重要罰愈多；

(2) 最好不要使用吃的增強物，因為學生可能會在撤除前吃掉它；(3) 學生能夠清楚地瞭解賺取與撤除增強物的條件；(4) 學生應有機會再獲得被撤除的增強物；(5) 針對適當行為，只要他一發生就給予增強。

反應代價的涵義

1. 拿掉權利、籌碼或特定活動作為不適當行為之行為後果。
2. 個體因表現出特定的不適當行為而排除增強刺激。

反應代價與代幣至結合，其效果更佳

· 按時交作業

→ 完成作業　　→ 給予代幣增強

→ 未完成作業　→ 扣其代幣

065

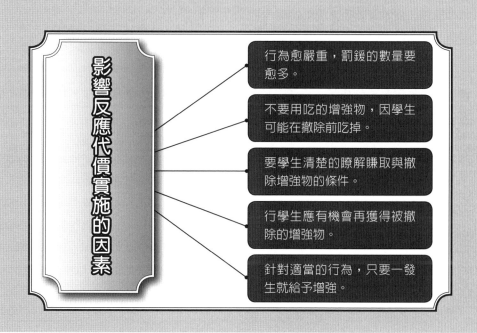

影響反應代價實施的因素

- 行為愈嚴重，罰鍰的數量要愈多。
- 不要用吃的增強物，因學生可能在撤除前吃掉。
- 要學生清楚的瞭解賺取與撤除增強物的條件。
- 行學生應有機會再獲得被撤除的增強物。
- 針對適當的行為，只要一發生就給予增強。

UNIT **4-5**
運用隔離──涵義與類型

一、隔離的涵義

個體表現不適當行為時，我們可終止或停止他現在正進行的喜愛活動，來降低這種不適當行為，即所謂的「隔離」。隔離包括排除學生賺取正增強的機會，像有趣的活動、同儕注意、及教師注意等。使用隔離的方法很多，諸如撤除學生正在做的學習或材料，或撤除學生離開喜愛的位置至隔離位置。

採取隔離時，只要個體一出現特定的不受歡迎行為，就將個體從吸引人的情境或者能接受到注意或立即酬賞的機會中排除。同時須確保教室或增強區具有多種積極的刺激，而隔離區具有較少積極的事物，這是實施隔離策略的關鍵因素。如果教室內有少許的增強效果，那麼隔離成效就會受到限制。

另外，隔離有時很容易與消弱發生混淆。採取消弱時，環境是相同的，但排除伴隨行為而來的增強物；至於實施隔離，則是排除學生環境中已存在且能獲得增強的機會一段時間，這個時候所處的環境會產生改變。

二、隔離的類型

以下是由最小厭惡性至最大厭惡性的隔離步驟：

1. 非隱蔽性隔離

運用其他隔離形式前，應先採用非隱蔽性隔離（nonseclusionary timeout）。它是指學生或兒童沒有被排除於現有的增強環境。相反地，我們透過環境操縱，拒絕學生或兒童接近增強物。非隱蔽性隔離的實例，包括排除學生或兒童正使用的藝術材料、剝奪學生或兒童 10 分鐘獲得籌碼的機會，以及要求學生或兒童把頭放在桌上或關掉錄音機和電視。

2. 排除性隔離

排除性隔離（exclusionary timeout）是將學生或兒童由增強性的情境或活動中排除，安置在一個較低增強價值的區域，使得他無法觀察到同學的活動。這種方法通常未排除學生或兒童於現有環境中，而是將學生或兒童移動到面對角落的椅子上。

3. 隱蔽性隔離（seclusionary timeout）

最具限制性、厭惡性和常使用的隔離形式，稱為隱蔽性隔離或隔離室。這種技巧包括由增強情境中移動學生或兒童，並將其安放在受到監督的隔離區，隔絕所有潛在的增強物，包括同學、老師、兄弟姊妹、父母、教室及活動等。

隔離的涵義

· 個體表現不適當行為時，我們可終止或停止他現在正進行的喜愛活動，來降低這種不適當行為。

大叫（不適當行為）

終止參與遊戲或活動

隔離	差異	消弱
排除環境中的增強一段時間，但所處環境已改變		環境相同，但排除伴隨之增強物

067

隔離的類型

厭惡性愈小 ← → 厭惡性愈大

非隱蔽性隔離

· 完全沒有被排擠於現有增強環境。

排除性隔離

· 安置兒童在較低價值的區域使他無法觀察到同學的行為。

隱蔽性隔離

· 使用隔離法。

UNIT 4-6
運用隔離——建立步驟與注意因素

一、建立隔離的步驟

1. 選擇隔離的步驟

這些選擇包括撤除工作材料，賺取代幣或酬賞的機會，或撤除學生至班上遠離增強活動的位置。

2. 選擇時間的長度

通常 2-3 分鐘是很好的開始。對於拒絕立即前往隔離的學生可增加到 10 分鐘。

3. 選擇採取隔離或不遵守隔離規定失敗的後援行為後果

提供工作任務或拿走權利可能是有效的。如果學生去隔離 1 分鐘，他可能在放學後留下 1 分鐘或晚 1 分鐘休息或給予任務。

4. 決定導致隔離的行為

常見的隔離行為，包括攻擊性、一再的不順從、破壞財物，及失控的行為。

5. 對學生描述過程

你已經做了許多的攻擊，我們要開始針對攻擊使用隔離。這意味著只要你攻擊或假裝攻擊某人，你就必須到班上後面的隔離椅。

6. 立即的、安靜的及一致的實施程序

當你在接受隔離時，限制你和同學交談。

7. 鼓勵同儕忽視正在隔離的學生

凡是與隔離的同學產生互動的，就要得到負面的行為後果。

8. 隔離結束時，不要與學生討論

老師應簡單的給予學生方向，並增強下一個適當行為。隔離後交談太多，可能會增強問題行為。

二、建立隔離應注意的因素

欲使隔離產生效果，尚須注意下列因素：

1. 兒童的特性

實施隔離時，執行者須瞭解個別兒童的特性。對攻擊性和團體取向的兒童，隔離可能是非常有效的。至於針對退縮、被動、孤獨（傾向於白日夢）的兒童，隔離可能是一種酬賞。當他們在隔離區時，這些兒童可能會進入他們自己的世界。

2. 一致性地使用

如果運用隔離在個別兒童的身上，它就須一致性地使用一段時間。通常，老師或其他執行者並不能一致地運用隔離技巧。因此，兒童變得很混亂，且可能會增強錯誤的行為。

3. 兒童對於規則的瞭解

兒童或學生應瞭解哪些規則在家裡或教室內是不能接受的。另外，他們須瞭解表現受禁止行為的行為後果。如果運用隔離來做為介入，那麼隔離規則就應與兒童溝通；同時這些規則應張貼起來且一再重複。

4. 隔離區的特性

選擇隔離區也應考量。老師或家長應避免選擇一個似乎不具增強，但實際

上對兒童卻具有增強效果的區域。例如：把兒童隔離在走廊上，可能就具有增強作用。因為在走廊上兒童會有機會與通過的人溝通，同時也提供了兒童離開教室和作業的機會。

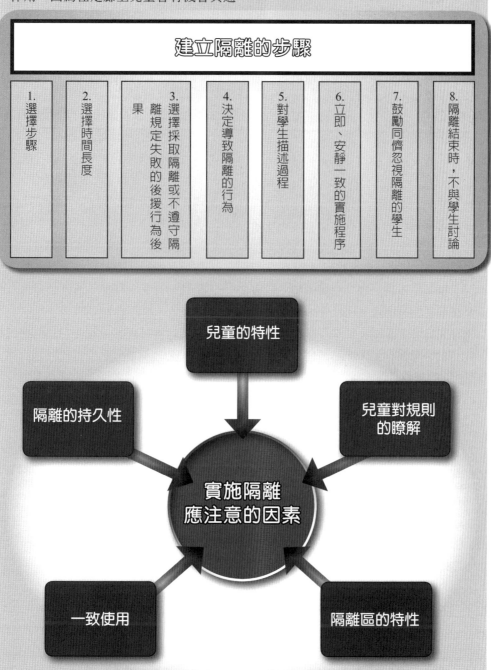

建立隔離的步驟

1. 選擇步驟

2. 選擇時間長度

3. 選擇採取隔離或不遵守隔離規定失敗的後援行為後果

4. 決定導致隔離的行為

5. 對學生描述過程

6. 立即、安靜一致的實施程序

7. 鼓勵同儕忽視隔離的學生

8. 隔離結束時，不與學生討論

實施隔離應注意的因素

兒童的特性

隔離的持久性

兒童對規則的瞭解

一致使用

隔離區的特性

UNIT 4-7
斥責（指責、口頭懲罰）

一、斥責的涵義

斥責（口頭懲罰）是一種降低不適當行為最少厭惡性，且最常使用的懲罰技巧。在師生間、親子間、兄弟姊妹、配偶、朋友及敵人之間的日常生活互動中，均常使用斥責（口頭懲罰）來表示譴責、警告、不同意、否定及威脅等。VanHouten（1980）就曾將斥責（口頭懲罰）界定為是一種不贊同的表示：姿勢、臉部表情和口語。雖然每個人都會使用斥責（口頭懲罰），不過他們常運用不正確以至負面效果多於正面效果。

另外，由於斥責（口頭懲罰）代表某種形式的老師或父母注意，他們可能無意間提供正增強效果。Kerr 和 Nelson（1983）就曾建議，以私語替代大聲的評論。如果我們謹慎且合理使用斥責（口頭懲罰），這種技巧也能有效降低不適當行為。

二、有效運用斥責的原則

VanHouten（1980）曾提出幾項有效運用斥責（口頭懲罰）的原則（參考自 Evans, Evans, & Schmid, 1989, p.254）：

1. 特定的指出所要斥責的行為、不受歡迎的理由及應該取代被斥責的行為。

  (1) 一次只斥責一項行為。例如：良好的斥責——小潔，不要觸摸花瓶！這個花瓶很貴，如果你讓它掉到地上，它就會破掉。你可以玩填充凱蒂貓。

  (2) 不好的斥責——小美，你認為你應該拉狗的尾巴嗎？或凱棋，你怎麼了？

2. 使用堅定的語氣。

3. 可能的話，使用非口語的不贊同表達。面部表情和手勢是有效的。

4. 靠近學生或兒童，傳達你的斥責。因為若能面對面斥責，其效果更佳。

5. 要一致，不可忽視任一不適當的行為。若是不能立即且一致地跟隨不適當行為之後而來，那麼斥責將會無效。

6. 運用身體阻止對於兒童或他人具有危險性的行為，例如：衝進街道或打其他兒童，同時給予斥責。

7. 運用斥責搭配讚美和非口語的贊同訊號，來教導新行為或替代問題行為。若能結合積極增強，斥責通常能夠更為快速地降低不適當行為。

8. 使用斥責未能產生所欲的結果時，就應搭配其他的策略或技巧，來降低或消除行為。

9. 傳遞斥責時，要維持控制。

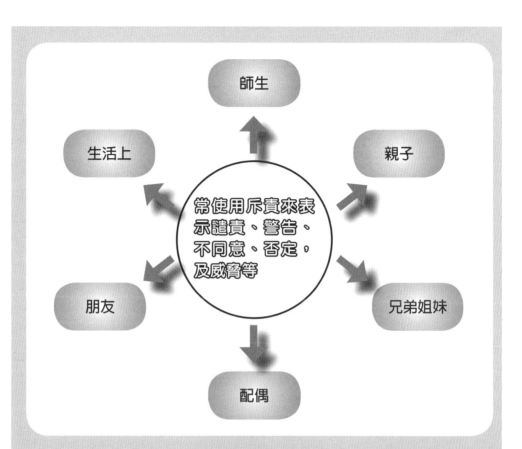

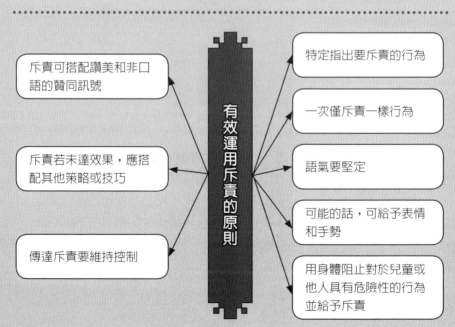

UNIT 4-8
過度矯正

一、過度矯正的涵義

　　過度矯正（overcorrection）是一種相當新的降低行為技巧，這種技巧可避免使用批判與訓練適當的行為。過度矯正包括讓學生透過練習正確的行為與學習適當的行為，來負責其不適當的行為。Azrin 和 Besalel（1980）曾指出，過度矯正已經被有效地運用於身心障礙者的嚴重行為問題、班級行為、親子關係及自理能力等方面。他們同時進一步指出，當問題行為是經常發生、嚴重或令人困擾時，就應使用此項技巧。如果行為尚未達到此一標準，簡單矯正可能就足夠了。

二、過度矯正的類型

1. 恢復性過度矯正

　　「恢復性過度矯正」（restitutional overcorrection）指不適當行為發生後，要求個體過度產生適當行為，而使適當行為恢復。例如：學生或兒童把房間內的所有傢俱推倒，他不僅須恢復所有傢俱，且要整理所有房間。

2. 練習性過度矯正

　　「練習性過度矯正」（practical overcorrection）又稱「積極練習」。在不適當行為發生後，要求個體重複練習適當行為。例如：傑明經常不舉手就講話，老師可要求他在大聲說出後，舉手五至十次；有位學生在朝會升旗喜歡亂動，

老師立即制止後，並要求他反覆操練立正和稍息等動作。

　　另外，有一種類似練習性過度矯正的作法，稱為「勞動式的懲罰」（體能活動）。也就是在不適當行為發生後，要求個體做出與不適當行為沒有關聯的體能活動，來降低不適當的行為。Luce、Delquadri 和 Hall（1980）就曾以此種方式，消除一位情障小孩的攻擊行為。當他攻擊別人時，就罰他在 30 秒內做「站立、坐下」的動作十次，而大大地降低這位孩子攻擊他人的行為。

三、運用過度矯正應注意的特點

　　Kazdin（1994）曾提出運用過度矯正，應注意的特點如下：

1. 錯誤本質應決定過度矯正的本質，以避免讓矯正只是懲罰。
2. 過度矯正的程序應該強調積極的、負責任的及合理的行為。
3. 學生和老師應該事先探討過度矯正的用途和合理性。
4. 進行中的活動和不適當行為應該立即地中斷，同時採取過度矯正，包括老師或父母系統化的口頭指示。
5. 針對正確的行為反應，給予讚美和贊同。
6. 過度矯正完成後，應讓學生回歸到所進行的活動中。

四、過度矯正、負面實務與刺激飽足

「過度矯正」可能會與「負面實務」或「刺激飽足」相混淆（Alberto & Troutman, 1986）。「負面實務」需要學生重複表現不適當行為（如說髒話），此種程序是基於假定重複性的表現會導致飽足。「刺激飽足」則繫於學生會對行為的前提事件感到滿足。藉由增進行為的增強物至厭惡的水準（太多好的事物），飽足可降低行為。

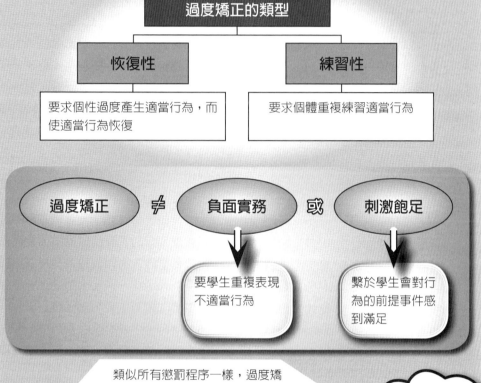

過度矯正的類型

恢復性　　　　　　練習性

要求個性過度產生適當行為，而使適當行為恢復

要求個體重複練習適當行為

過度矯正　≠　負面實務　或　刺激飽足

要學生重複表現不適當行為

繫於學生會對行為的前提事件感到滿足

類似所有懲罰程序一樣，過度矯正應在不適當行為出現後立即實施。

知識補充站

Kerr 和 Nelson（1983）曾指出過度矯正並不見得比其他技巧（如斥責和隔離）有效。Alberto 和 Troutman（1986）亦指出過度矯正過於耗時，且對某些學生或兒童可能會導致攻擊、逃脫或躲避的行為。雖然過度矯正具厭惡性刺激的性質，不過卻可提供厭惡性行為後果的變通性作法。另外，就像隔離一樣，過度矯正練習含有修正的味道。學生或兒童花費在過度矯正的時間應受到密切監督以防過度練習（Morgan & Jenson, 1988）。針對此點，實施者應該不要要求學生或兒童將過度矯正用於無法影響其生活品質的行為。

UNIT **4-9**
體 罰

一、體罰的涵義

降低不適當行為技巧之連續體制最具侵入性或是不受歡迎的，就是針對不適當行為實施身體的行為後果，即所謂的「體罰」。厭惡性刺激包括會對學生或兒童產生身體上痛苦或不舒服的那些行為後果，諸如用巴掌打、打耳光、捏擠或挾等。至於較輕微的體罰，則包括朝著學生臉上噴灑水霧或拿著阿摩尼亞（氨水）給學生聞，以降低或消除其嚴重的不適當行為（如咬指甲或拉拔頭髮等自傷行為）。

二、體罰的規範

運用體罰控制行為的程序往往需直接的身體介入，以求能立即壓制目標行為。目前許多先進國家對於在學校中使用體罰技巧，都有一定規範或禁制規定，如美國、日本、英國及我國等。實施行為改變者，應瞭解體罰的副作用及其可能衍生的後遺症，不可恣意而為。

三、運用體罰的後遺症

不過這種技巧除有後述的副作用外，也可能會對特定的使用者（如教師）產生一些困擾的後遺症，例如：被主管教育行政機關記過或被法院判刑。有位任教於臺北市○○國小的男老師，在某日下午第一節時因課程已告一段落，即讓學生自習，自己則到教室後方批改作文，因認為班上曾姓女學生不服管教且態度惡劣（口中念念有詞，狀似辱罵）（不適當行為），憤而毆打曾姓女學生並拉扯肩膀，曾姓女學生不慎倒地，這名男老師又順勢踢了一腳（體罰），造成曾姓女學生尺骨骨折、關節脫臼等傷害，而遭到告訴；事後雙方達成和解（賠償35萬元），學生家長也願撤回告訴，但因這名男老師是臺北市公立學校教師，具有廣義公務人員身分，使得這個案件為非告訴乃論罪，而被法院依「公務員假借職務上機會傷害罪」初判處拘役三十天，緩刑二年。

又如，○○國小五年級某班的導師在教室後方的資源回收桶中，發現一個未被壓平的牛奶鋁箔包，經再三詢問全班卻無人承認，因此大動肝火，要求值日生清洗鋁箔包後，自己將鋁箔包剪成36個2公分平方的碎片，要求全班35位學生吃下作為懲罰，她自己也以身作則放進口中。

當時，多數學生都被老師的盛怒與舉措嚇著，不過沒有人敢反抗，只得各出奇招因應。消息曝光後，引起教育局、校方及家長的關切，使得導師親自向家長道歉，並被處以兩次申誡，調離導師的職務。

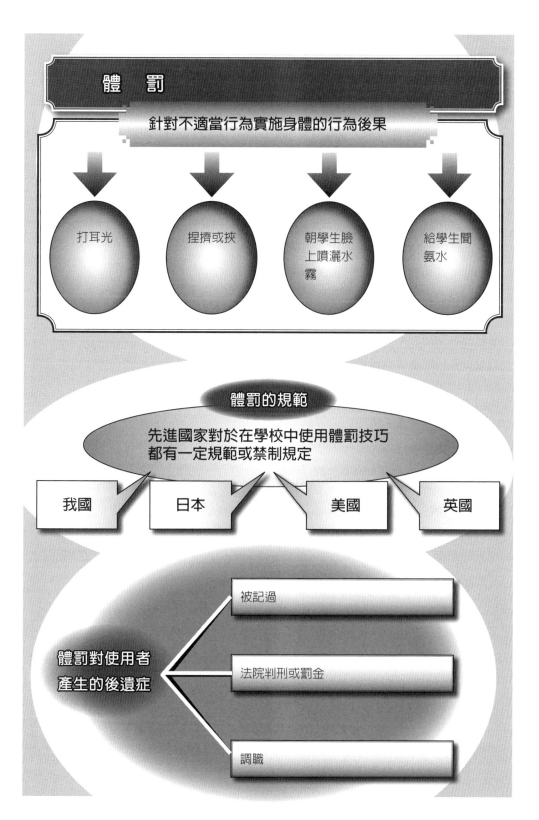

體　罰

針對不適當行為實施身體的行為後果

打耳光

捏擠或挾

朝學生臉上噴灑水霧

給學生聞氨水

體罰的規範

先進國家對於在學校中使用體罰技巧都有一定規範或禁制規定

我國

日本

美國

英國

體罰對使用者產生的後遺症

被記過

法院判刑或罰金

調職

UNIT 4-10
處罰效果

為何懲罰物有時有效，有時無效呢？處罰效果的發揮繫於多重因素，其中最需留意的是有效運用這些懲罰物的方法（黃正鵠，1989；Baron, 1996；Coon, 1997；Kazdin, 1994）。

一、處罰的延宕——快或慢

處罰效果取決於行為和提供懲罰物的時間。個體表現出不適當行為之後，立即提供懲罰物要比延宕提供懲罰物的效果為佳。因此，我們如果想要使懲罰效果最大，就應該在目標行為（不適當行為）之後立即提供懲罰物。否則，非目標行為可能就會隨著目標行為之後出現，而延宕提供懲罰物，反而可能會降低或消除到適當行為。例如：家長對於做錯事的小孩說：「等你老爸（或老媽）回來，再給你一頓好好的教訓。」延宕處罰對於排除不適當行為的效果不大，因為如果適當行為（如幫忙做家事）與處罰非常接近的話，會使得適當行為無意中受到抑制，而且不適當行為和處罰二者之間，就不易產生刺激反應的連結。

二、處罰的時制——連續或間歇

最簡單的處罰時制是每當某反應發生時就給予懲罰物，稱為「連續性處罰」。反之，若在出現幾次正確反應後再給予懲罰物，就稱為「間歇性處罰」或「部分處罰」。

若以處罰階段來說，「連續性處罰」要比「間歇性處罰」更能夠降低目標行為的出現率。因此，當我們想要降低或消除目標行為時，就應當使用「連續性處罰」。也就是說，在剛開始降低或消除目標行為時宜用「連續性處罰」，俟行為已有效降低之後，才可以實施「間歇性處罰」。因為「連續性處罰」中斷時，出現故態復萌的機會比用「間歇性處罰」來得大。例如：隔離技巧常用的方式是每當兒童表現不適當行為時，排除其正在享用的增強物，只有當該行為已經有效地壓制後，間歇性處罰才得以實施，效果才會好。

三、處罰的時機——早或晚

行為發展之初就給予處罰，其效果愈佳。例如：小孩偷吃糖果的連續性行為，從進房間、爬到椅子上、拿糖果罐、開罐子、取出糖果吃掉。如果從小孩進房間或爬上椅子偷竊時就給予處罰，其效果可能要比取出糖果或吃掉時再處罰的效果大。

四、處罰的方式——單一或變化

變化處罰的方式，會有助於提升處罰的效果。例如：在某種情境下使用隔離技巧，在其他情境下採用過度矯正技巧。不過，變化處罰的方式與數種處罰同時交替使用並不相同，因為從人道的觀點看，一次處罰中同時使用多種方式可能過於殘忍。

處罰的延宕

· 個體表現出不適當行為之後立即提供懲罰物。 ＞ 延宕提供懲罰物

處罰的時制

· 「連續性處罰」要比「間歇性處罰」能夠降低目標行為的出現率。

· 只有當該行為已經有效地壓制後，才得以實施間歇性處罰。

處罰的時機

· 行為發展之初就給予處罰，其效果愈佳。

處罰的方式

· 變化處罰的方式會有助於提升處罰效果。

UNIT **4-11**
運用處罰的要點與副作用

一、運用處罰時應考慮的要點

1. 建立不適當且可處罰的行為原則。最好在行為一系列發展之初就給予處罰。
2. 解釋和討論可以接受的行為。
3. 選擇有效的懲罰物。並非所有厭惡性的行為後果均是懲罰物。
4. 立即運用。
5. 每次行為發生之後一致地運用。
6. 正確地使用。一開始就應該傳遞足夠強度的懲罰物以壓制目標行為。
7. 公平地運用。
8. 平穩且非情緒化的實施處罰。
9. 祇有在行為需要快速地降低時使用，因為它是危險的或者其他變通性的介入是無效的。
10. 防止躲避、逃脫或攻擊行為的機會。避免教導學生對懲罰物產生恨意的態度。
11. 降低日後處罰的需求。
12. 可能的話，再次提供獲取增強物的方法。
13. 提供可接受行為的楷模。
14. 提供受歡迎行為的激勵。
15. 增強適當的行為。

二、處罰的副作用

　　實施處罰後所產生的副作用，往往是處罰受到爭議的地方。雖然，處罰最能夠降低或消除不適當的目標行為，但是也可能會製造出更糟的行為後果或引發出其他的問題。運用處罰可能會產生的副作用如下：

1. 情緒反應

　　處罰易引起不適當的情緒反應。例如：父母打小孩手心作為處罰時，小孩可能會產生哭鬧、喊叫及生氣等情緒反應。

2. 逃避和避免

　　處罰可能會導致被處罰者逃避或避免處罰的情境。因為被處罰者若成功地逃避了處罰情境，就表示他終止了厭惡刺激，而這項行為也自然地被負增強了。例如：在家裡施行處罰，可能會造成逃家；在學校施行處罰，可能會造成逃學。

3. 攻擊行為

　　處罰可能會導致攻擊其他動物或處罰的來源，此種情形也會發生在人類的身上。也就是說，被處罰者也可能會攻擊處罰者。因為若攻擊能夠有效地終止厭惡刺激（即使是暫時的），此種攻擊行為會被負增強了，以後若再遇到此種情形，可能就會再度採取攻擊行為。

4. 處罰的示範作用

　　兒童可能會使用與其父母或老師類似的行為控制技巧，來控制其他兒童。亦即如果父母體罰小孩，尤其是嚴厲的體罰，那麼小孩有身體攻擊行為的可能性就會大大地提高。

5. 處罰的持續性

　　處罰通常會快速地降低或消除目標反應。例如：父母大聲地喝斥小孩，小

孩的行為通常會立刻改變，那麼父母此項喝斥的行為就會被負增強了。即使處罰無法長久改變小孩的行為，然而此種短期效果是立即的，所以父母可能會更加依賴處罰，而忽略了上述副作用的存在。

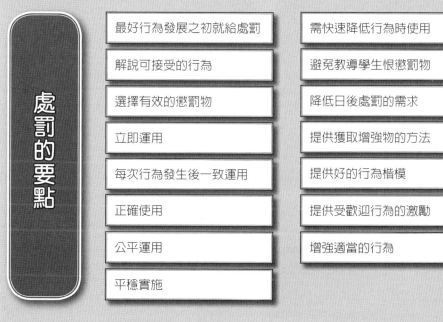

處罰的要點

最好行為發展之初就給處罰

解說可接受的行為

選擇有效的懲罰物

立即運用

每次行為發生後一致運用

正確使用

公平運用

平穩實施

需快速降低行為時使用

避免教導學生恨懲罰物

降低日後處罰的需求

提供獲取增強物的方法

提供好的行為楷模

提供受歡迎行為的激勵

增強適當的行為

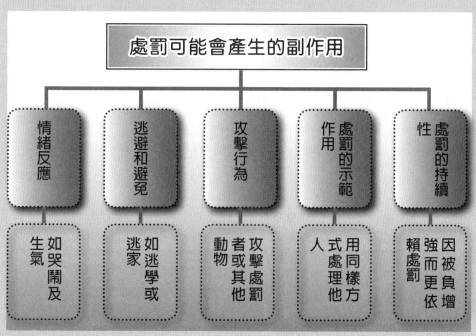

處罰可能會產生的副作用

情緒反應	逃避和避免	攻擊行為	處罰的示範作用	處罰的持續性
生氣如哭鬧及	逃家如逃學或	動物者或攻擊處罰其他	人式處用理同他方樣	賴處罰強而更依因被負增

第 **5** 章
教導新行為 的技巧

●●●●●●●●●●●●●●●●●●●●●●●●● 章節體系架構 ▼

UNIT **5-1**
逐步養成或行為塑造

圖解行為改變技術

一、涵義

斯肯納（Skinner）在其小白鼠的動物實驗中，曾進一步採用連續漸進法，來實驗研究包括一連串反應的學習，以解釋由多種反應組合而成的行為。此種方法使用的程序是學習到第一個反應，再學習第二個反應，依序進行，直到最後反應完成為止，例如洗頭的學習可以包括：(1) 打開洗髮精；(2) 壓出洗髮精；(3) 用手把洗髮精抹在頭上；(4) 抓洗頭髮；(5) 用水清洗；(6) 用毛巾擦乾。

教學者經常採用逐步養成或行為塑造的技巧，來教導學生新的行為。所謂「逐步養成」是指區分性的增強微小的改變或漸次地接近最終的目標行為（Panyan, 1980; Shea & Bauer, 1987）。首先是學生目前的行為，然後漸進且有系統地讓學生逐步養成和學習到新的行為。基本上，它被用來建立個體行為目錄中先前尚未具有的行為（Cooper, Heron & Heward, 1987）。

二、應用範圍

逐步養成或行為塑造的適用範圍很廣泛，除了一般兒童或成人之外，亦適用於身心障礙兒童的身上。另外，這種技巧可用來教導許多新的行為，包括學習各種技能，如騎腳踏車、駕駛汽車、游泳及彈鋼琴、學業性的學習任務、適當的工作習慣，以及建立同儕之間的互動關係等。

三、逐步養成成功的要項與步驟

逐步養成或行為塑造並不是一件簡單的過程。為求成功，我們應該依循著達成目標行為的某些步驟、運用增強物和保持記錄等。在行為塑造期間，老師或父母僅增強這些最為接近目標的行為。

逐步養成或行為塑造的步驟如下：
1. 選擇一項目標行為。
2. 獲得可靠的基準線資料。
3. 選擇強而有力的增強物。
4. 每次增強連續接近的目標行為。
5. 每次增強新建立的行為。
6. 採取變化增強時制來增強行為。

逐步養成

區分性的增強微小的改變或漸次地接近最終的目標行為

1. 先把雙手大姆指伸到襪子裡面，其他手指在襪子外面。

2. 把襪身向下捲到襪頭為止，再撐開襪子，套到腳趾頭上，然後拉到腳跟，調整襪子對齊腳趾和腳跟。

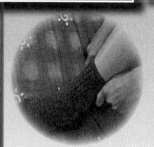

3. 再往上拉好。

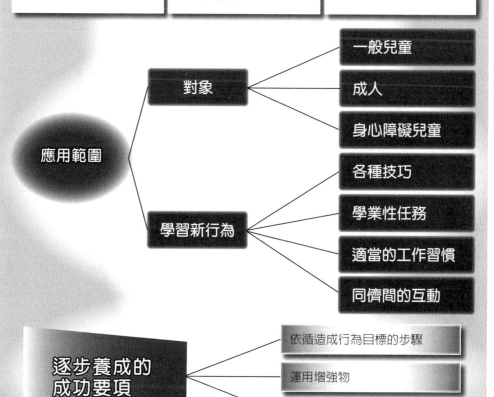

應用範圍

對象
- 一般兒童
- 成人
- 身心障礙兒童

學習新行為
- 各種技巧
- 學業性任務
- 適當的工作習慣
- 同儕間的互動

逐步養成的成功要項
- 依循造成行為目標的步驟
- 運用增強物
- 保持紀錄

UNIT 5-2
促進與淡化或褪除

一、促進

促進（prompting）是提醒我們表現已知行為或協助我們表現不常從事行為的一種刺激。日常生活中，有關促進的例子很多。例如：汽車會發生聲響來提醒駕駛員繫上安全帶或關上大燈。在行為塑造和適當行為產生之前，促進就是提供語文、身體引導或視覺的線索。

語文促進（verbal prompting）指運用口頭或書寫的文字來引發特定行為，這種技巧很適合瞭解文字的人，及教導新的說話能力和教材。例如：在教室或家裡運用文字建立適當的行為規則；又如舞臺劇演員忘詞時，導演可能會反覆地提供前面幾個詞句來喚起記憶。

研究發現運用描述潛在危險的檢核表（如靠近桌邊的茶杯與呈現消除每項危險的步驟），可使四位腦傷成人改正其行為避免危險的發生（O'Reilly, Green, Braunling-McMorrow, 1990）。

視覺促進（visual prompting）則包括書本上的圖解說明、正確完成問題的實例，以及汽車儀表板上每一按鈕的圖畫等。雖然視覺促進通常包括運用單一圖畫來引發個人表現出特定反應，惟這種技巧也可呈現一系列圖畫來促進複雜行為連鎖上的每項連結。例如：教導「心肺復甦」（CPR）的求生技巧，常會提供視覺促進來協助個人按部就班地學習複雜的步驟。

身體引導促進（physical guidance prompting）指透過想要的動作或順序，來移動個人的身體部分。這種技巧特別適用教導動作技能和運動能力；例如：我們可以身體引導幼兒搖響板發出聲音，然後學習自己表現此種行為，來產生具有強化作用的聲音。至於年齡較大的身心障礙兒童也可由身體引導促進中獲得好處，例如上廁所或彼此滾球。另外，對兒童與成人學習或增進複雜能力也很有幫助，如游泳、拉小提琴或舞蹈等。

值得注意的是，促進應該要盡可能地微弱，不可過度強調，同時要儘快去除或淡化，讓學生能不依賴它們。

二、淡化或褪除

學生或兒童學會一種行為後，就應褪除促進。褪除或淡化（fading）就是逐漸地撤除促進。惟褪除或淡化應該要漸漸的，使錯誤發生盡可能的降低。

在決定褪除或淡化時，包含許多技巧。如果促進被褪除或淡化的太慢，學生可能就會依賴促進。褪除或淡化的方法有幾種：改變促進的數量或品質。我們可藉由組合兩種指示或降低所提供訊息的數量來褪除促進（Alberto & Troutman, 1986）。

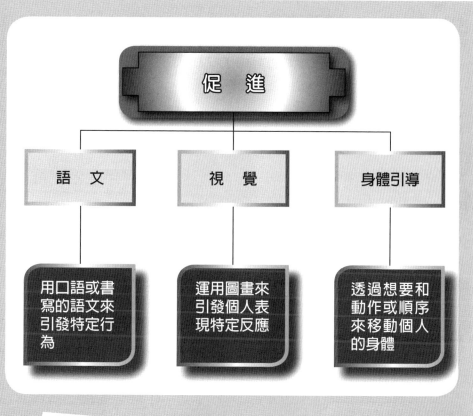

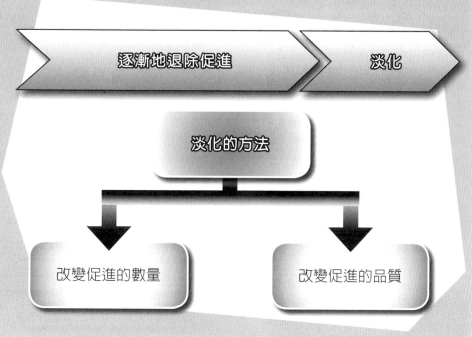

UNIT **5-3**
連鎖涵義與連鎖的方法

一、涵義

學生經由模仿、行為塑造、促進和褪除或淡化等方式，學習到行為的各個步驟後，他須依合理順序學習組合這些步驟。連鎖是一種依序增強個別反應，以形成複雜的行為。一旦建立連鎖反應，唯有表現最後的要素才會獲得增強。連鎖依序連結了特定步驟，使得某一特定反應增進新反應產生的可能性，繼而增加第三項反應的可能性，依次類推，直到最後一個步驟。人類許多複雜行為都包含此種連鎖，如游泳、彈奏鋼琴等。

教導複雜的一連串反應時，我們通常需藉由工作分析來確定其連結（Link）。假設我們想要智障學生學習穿脫衣服，而教導他們坐著穿上襪子。這項連鎖包括四個連結，每項連結均包含一個前提線索（Sd）和反應。至於四項行為反應是：(1) 用單手握住襪子，同時讓後腳跟向下；(2) 運用雙手的手指弄開襪子的開口處；(3) 把腳放在襪子開口處的適當位置上；(4) 把腳伸入襪子內。

二、連鎖的方法

一旦我們瞭解行為連結的情形，就可分別運用下列幾種主要的方法（Ash & Holding, 1990）：

1. 前向連鎖（forward chaining）

即一次教導順序上的一個連結，由第一項開始。以前述為例，兒童將先學習正確地握住襪子，並因此項正確反應而獲得增強。然後，增加學習第二項連結以獲得增強物。依此類推，直到所有連結被表現，完成連鎖行為為止。

2. 後向連鎖（backward chaining）

這種方法包括以逆向方式一次教導一個連結。兒童首先將學習正確地把腳伸入襪子內 R，並因此項正確反應而獲得增強。然後，增加正確學習接近 R 的次一項連結 R，把腳放在襪子開口處的適當位置上，以獲得增強。持續進行這種逆向順序的學習，直到完成連鎖行為為止。

3. 完全任務呈現法（total-task presentation）

這種方法是用完整順序的方式教導所有連結。即兒童需從頭到尾做出整個一連串穿襪子的連結，方能獲得增強物。

4. 書寫的工作分析

對有閱讀能力的人來看，書寫的工作分析可用來引導連鎖行為的適當成就表現。使用上，訓練者要對學習者呈現合理順序要素行為清單，而學習者使用這項清單正確地演示任務。清單的指示就是一種書寫的工作分析。書寫的工作分析有效，唯有學習者能夠閱讀指示，瞭解指示和執行指示上所有的行為。為求更有效，書寫的工作分析必須清晰且特定的列出連鎖上每一要素行為。

依序增強個別反應以形成複雜行為 連鎖

教導複雜反應常藉工作分析來確定其聯結

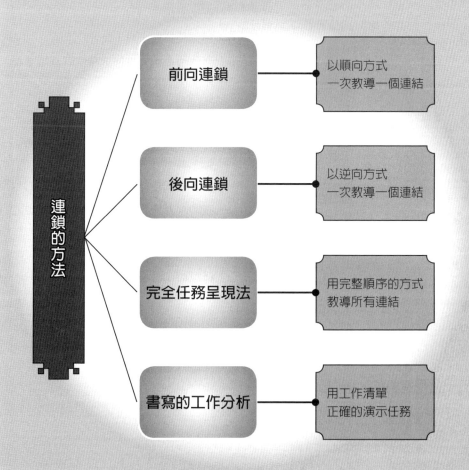

連鎖的方法

前向連鎖 —— 以順向方式
一次教導一個連結

後向連鎖 —— 以逆向方式
一次教導一個連結

完全任務呈現法 —— 用完整順序的方式
教導所有連結

書寫的工作分析 —— 用工作清單
正確的演示任務

UNIT 5-4
連鎖——圖片促進、注意要項與訓練原則

一、圖片促進

除了前述四種連鎖的方法外，第五種用來引導連鎖行為適當表現的，就是使用圖片促進。

就圖片促進而言，你可按照每項行為的結果或某人在任務上所從事的每項行為。然後運用圖片來促進學習者在合理順序上從事行為。為求有效，學習者必須注視順序合理的圖片，及每張圖片須有刺激控制所描述的行為。

例如：小明是位智能障礙者，在公司從事促銷郵寄的工作。他的工作在於將小冊子放入信封中郵寄。公司要郵寄 15 種不同的小冊子，且小明必須根據當天的工作，將 3-5 種小冊子放入大型的信封內。工作訓練者擁有所有 15 種小冊子的圖片，每個工作日開始時，訓練者拿著小明當天須放入信封的小冊子圖片，然後將這些圖片黏貼在小明工作站的板子上；這些圖片促進刺激控制了選擇正確小冊子的行為。工作完成後，訓練者將圖片促進收起來，訓練者無須花費任何額外時間使用促進和淡化，來教導小明任務，就可順利達成目標。

二、運用連鎖的注意要項

在這些訓練方法上，教師可運用所有激勵形式。至於這些方法中，哪種最好呢？

針對身心障礙者的研究發現，採用完全任務呈現法來教導連鎖性行為，比前向連鎖或後向連鎖法來得快速（Kayser, Billingsley, & Neel, 1986）。不過，這些研究仍有兩點是值得注意的（Weld & Evans, 1990）：(1) 有些事實指出重度障礙者採用完全任務呈現法訓練時，比前向連鎖或後向連鎖法，表現出更多阻斷性行為（如攻擊行為）；(2) 就連鎖性行為來說，最後的連結特別困難，而後向連鎖法可提供最佳的方法（Ash & Holding, 1990）。

三、提高訓練成效的原則

不管採用哪種方法來教導行為的連鎖，我們都可遵循下列幾項提高訓練成效的原則：(1) 確定應用工作分析法所認定的全部連結對學習者不會太難；(2) 設計方法以確保學習者須依正確順序，演示學習過的所有連結，才能獲得增強；(3) 應用和撤除簡捷的刺激控制法（提示、模仿和教學）協助個體學習每項連結；(4) 當我們教導每項連結時，應運用行為塑造和充足地給予增強。

圖示工作清單

看著

促進

→ 合理順序上
從事行為

運用連鎖的注意事項

採用完全任務呈現法訓練，易表現出更多阻斷性行為

後向連鎖法有利於最後的連鎖聯結

提高訓練成效的原則

所有聯結不會太難

運用行為塑造教導每項聯結，並給予增強

依序演示所有聯結，才能獲得增強

協助學習每項聯結

UNIT **5-5**
模　仿

一、涵　義

　　模仿（示範）是一種最有力且常被用來教導新行為的技巧。模仿係指一種學生透過觀察與模仿他人行為的學習過程。此種學習形式已被稱為模仿、觀察學習、複製、替代性學習及角色扮演等（Striefel, 1981）。由於模仿幾乎是人類與生俱有的本能，因此學生常會在教室內外模仿同儕適當和不適當的行為。

　　Martin 和 Pear（1992）亦曾指出模仿（示範）是一件非常普通的事情，很少有人會認為它是一種有系統的行為改變步驟或程序。例如：體育老師常示範各種技巧，如舞蹈、游泳、武術、體操及網球等，讓學生模仿。

二、模仿的功能

　　模仿對於觀察者具有下列功能（Bandura, 1971）：

1. 教導

　　模仿可教導人們表現新行為的方法，就像小孩子經由觀察鋼琴老師的示範而學會彈某種指法。

2. 促進

　　楷模的行為可激勵觀察者去表現出類似的行為。例如：當我們聽到或看到別人在笑時，我們也會跟著笑。電視中的罐頭笑聲或拍手聲就是根據這項模仿功能。

3. 引發動機

　　模仿可引發人們從事他們已知行為的動機。例如：學生已知如何在課堂上發表意見，但只有當他們觀察到其他同學被鼓勵發表意見時，他們才會決定要如此做。

4. 降低焦慮

　　進行特別行為時，模仿可減少焦慮。例如：父母可經由指出其他孩子陶醉在盪鞦韆之中，來協助孩子克服對盪鞦韆的恐懼。

5. 抑制作用

　　模仿可抑制觀察者進行某些行為。在這種情況下，觀察楷模的行為表現可降低人們仿效楷模行為的可能性。當一位學生看到其他同學因表現不當的行為而被懲罰時，這位學生就可能較不會從事同樣的行為。

三、運用模仿的原則

　　多數模仿行為並不需特別計畫。以下提出幾項運用模仿的原則（Martin & Pear, 1992）：
1. 讓個體的行為水準和模仿行為相配對。
2. 在教學中融入模仿。
3. 增強正確的模仿行為。
4. 先模仿容易的行為，然後是困難的行為。
5. 讓模仿的情境盡可能的真實。

四、提高模仿的成效

　　另外，我們也可運用下列方法來提高模仿技巧的成效：
1. 酬賞楷模行為的表現。
2. 酬賞注意楷模動作的觀察者。

3. 運用具有能力示範反應的楷模，但需牢記楷模若表現的太有能力，觀察者可能會認為學習行為過於困難。
4. 採用與觀察者性質相類似的楷模（例如：性別、年齡及觀察者所羨慕的）。
5. 運用一位以上的楷模，並確定他們都能一致地示範目標行為，且對於行為有正向態度。

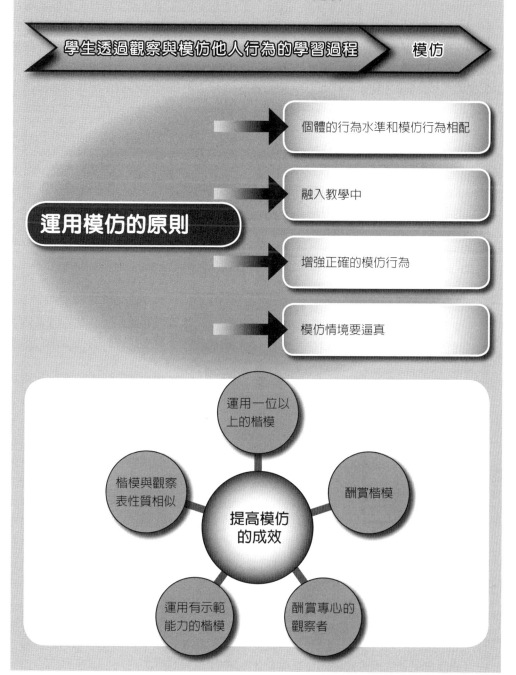

學生透過觀察與模仿他人行為的學習過程　　模仿

運用模仿的原則

個體的行為水準和模仿行為相配

融入教學中

增強正確的模仿行為

模仿情境要逼真

運用一位以上的楷模

楷模與觀察表性質相似

酬賞楷模

提高模仿的成效

運用有示範能力的楷模

酬賞專心的觀察者

UNIT 5-6
四段式行為技巧訓練法

四段式行為技巧訓練法（Behavioral Skills Training, BTS），即模仿（示範）、指導、演練、回饋，通常一起運用在教導中，來幫助個人獲得實用技巧（如社交或與工作相關的技巧）。基本上，這種訓練法常使用角色扮演的方式來進行。

許多研究已證明四段式行為技巧訓練法在兒童及成人的訓練各種技巧上都很有效。這些技巧包括：(1) 教導兒童綁架防禦及性虐待防範技巧；(2) 教導兒童火災現場的緊急逃生技巧；(3) 教導社會技巧不足；(4) 教導父母管理不順從兒童的技巧等。

一、模仿（示範）

經由示範，將正確行為示範給學習者。學習者觀察模仿者的行為，然後模仿其行為。為產生更有效的模仿，學習者需要有示範的指令。示範的行為有時是現場的，有時是象徵性的。在現場模仿中，示範者在適合的情境裡，當場示範適當行為。在象徵性模仿中，會在錄影帶、錄音帶或卡通及電影裡，看到正確的示範行為。

二、指導

指導是為學習者說明正確的行為。為求效果，指導應該要具體、特定。在一連串行為中，指導應能配合適當行為順序做解說，同時要能詳細指明學習者在適當情況所被期望的行為。

三、演練

演練是要讓學習者在接受指導及看完示範後，練習正確行為。演練是 BTS 方法的一項重要部分，因為指導者只有在看到學習者表現正確的行為，才能確定學習者是否真正學習到。它提供學習者增強的機會，也提供評估及矯正錯誤的機會。

四、回饋

在 BTS 方法中，回饋的定義為：(1) 讚賞正確行為；(2) 出現不正確行為後給予更進一步的指導。學習者演練行為後，訓練者應立刻提供回饋。回饋包括讚美或其他正確行為的增強。有需要時，回饋也包含矯正錯誤或更進一步的指導。

五、在行為技巧訓練法後提高類化

BTS 法的目標是要讓學習者獲得新的技巧，且能在訓練外的適當場合中使用。

首先，訓練應包括做許多不同的角色扮演。在學習者現實生活中可能會遇到的真實情境，演練愈接近真實情境，則這些技巧愈能產生類化。第二，把真實生活融入訓練中，則學習者就可在角色扮演和真實的情況或人物中演練技巧。第三，提供學習者一些任務，讓其在訓練場所以外的真實情境中，做些技巧的訓練。練習後，學習者將在下次的 BTS 訓練課程中討論這次的經驗，並獲得回饋。第四，訓練者也可在訓練場所外的情境中計畫提供一些增強。例如：告訴學習者的老師或家長，當學習者在學校或家裡表現出正確的行為技巧時，給予增強回饋。

模仿（示範）

指　導

演　示

回　饋

四段式行為技巧訓練
（防綁架技巧）

提高訓練後的類化

做不同的角色扮演

把真實生活融入訓練中

提供任務者在訓練場所外的真實情境中訓練後予以回饋

訓練者也可以在訓練場所外的情境中提供增強

UNIT **5-7**
BTS 法
——與行爲功能分析、團體運用及實施建議

一、BTS 法與行為功能分析之關係

經由結合模仿、「模仿和指導」屬於前提事件的策略，是用來引起正確的行爲。因爲許多聽從指導或模仿的人都很成功，所以指導和模仿對正確的行爲是很有效的辨別力與鼓舞。「演練」則包含執行經由模仿或指導說明的行爲。當行爲演練正確時，「回饋」包含強化行爲的增強結果。當行爲有部分正確時，矯正的回饋功能就像是前提事件一樣，增強在下次演練時表現正確的行爲。

教導技巧的最好方法是先提供指導，然後要求學習者演練正確的行爲來增強它。雖然指導和模仿在適合的情況中可產生正確的行爲，但是除非有後來的增強，否則正確行爲不容易再繼續表現。

教導一項新技巧時，我們可容易的經由模仿或指導學習者，而引起正確行爲。然而，爲確定是否學習到行爲，我們讓學習者在刺激訓練情境中演練行爲，然後增強它。如果學習者在訓練情境中成功的表現行爲，這樣學習者更可能在眞實情境中表現出正確行爲。

二、BTS 法在團體中的運用

有時，BTS 法會用於需要相同技巧的團體（如父母團體）中。運用團體的 BTS 法在小團體中會更有效，可讓每個人都有機會參與。在團體的 BTS 法中，模仿和指導是提供給整個團體，然後每個小團體的成員，在角色扮演中演練技巧，接著從訓練者或其他團體中的成員獲得回饋。在團體訓練中，就像在個別訓練一樣，每個人都要在多樣情境中演練，直到行爲表現完全正確爲止。

三、有效實施 BTS 法的建議

下列建議可確保有效的運用 BTS 的步驟：

1. 清楚確認及解釋你所要教的技能。
2. 確認技能所會運用到的所有相關刺激情境。
3. 評估學習者在刺激情境中所表現的行爲來設立一個基準。
4. 先從最簡單的技能或最容易的刺激情境開始訓練。
5. 透過示範行爲及描述其重要範圍來作爲活動的開始。
6. 學習者接受指導及觀看模仿後，提供演練機會。
7. 演練後，立即提供回饋。
8. 不斷演練和回饋，直到學習者在數次練習時都表現出正確的行爲。
9. 在一個訓練情境成功後，移至另外一個情境，然後反覆進行 BTS 等過程，直到學習者在不同情境中都能精通不同技巧。
10. 學習者在訓練課程中，已經精通所有刺激情境中的所有技能時，則計畫在眞實情境中所需技能的類化。

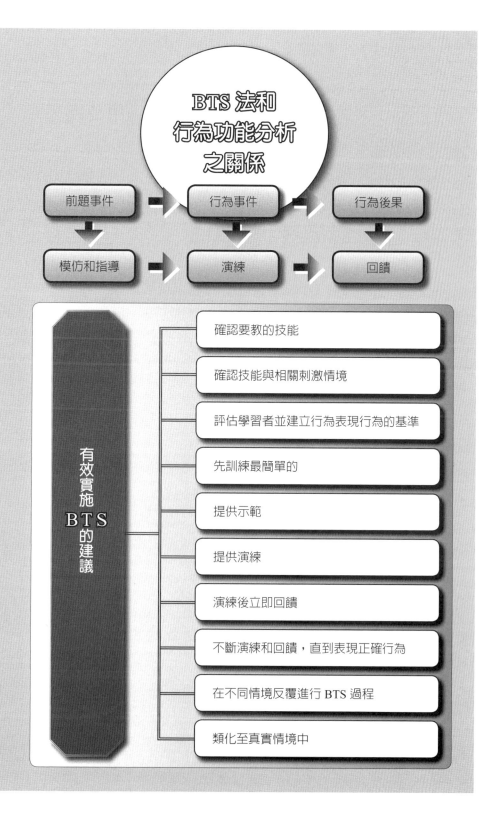

第 **6** 章
維持行為的技巧

UNIT **6-1**
延宕增強與間歇性增強

當行為改變達到可接受的穩定水準後，就應建立行為維持的步驟。Evans、Evans 和 Schmid（1989）及 Kazdin 和 Esveldt-Dawson（1981）等學者曾提出下列幾種可個別或混合使用的技術，用來擴大行為在新情境中維持的機會。

一、延宕增強

建立行為時，採取立即增強是非常重要的。俟行為一致表現後，我們就可延宕增強物的出現，因為延宕增強可維持行為的建立，藉著逐漸增加所欲行為和增強之間的延宕，亦可用來維持行為。例如：如果學生因完成任務而獲取積點（分），首先應立即地給予積點（在學生完成每項任務之後）；當行為有所改進後，即增進任務完成與等待幾項任務完成後，再分配積分之間的延宕，爾後再進一步延宕增強物。

至於「延宕增強物」的變通性作法，包括每項或幾項任務完成後，但是增進獲取積點與交換其他酬賞或活動之間的延宕。積點仍可因任務完成而獲得分配，但是交換其他酬賞的機會則愈來愈少。一般而言，在行為初期，延宕增強並不是非常有效的方法，但卻有助維持行為的長久。從立即到延宕增強中的轉銜是很重要的，因為大部分社交或自然情境中，可獲得的增強均屬延宕性的。

採用「延宕增強」之後，執行改變者需更密集的觀察個體的表現，以確定行為有無繼續朝向所欲的方向；最後，增強可完全撤除或只在個體行為完全正確而延宕較長時間下，始能給予增強。

二、間歇性增強

連續增強行為建立之後，間歇性增強就可有效用來維持行為。運用此程序，會使愈來愈少受歡迎行為獲得增強。關鍵就在於循序漸進，以致由連續增強至不規則增強不會中斷。

不同於完全排除增強，有些學者持續使用間歇性增強，來維持行為高度的表現。當然，間歇性增強是非常有效的，因為增強仍在作用中。例如：在青少年觀護所內，依照青少年犯清理房間的程度來給予或扣除積點。一旦建立了行為，我們就可以將增強或處罰的實施變為間歇性。也就是說，每天一樣檢查房間，但是偶爾實施增強或處罰。雖然「間歇性增強」只在 8% 的檢查日子內實施，行為卻被高度維持（Kazdin, 1994）。

間歇性增強具有下列優點：(1) 能夠提高使用增強物的有效性。它允許行為反應在出現多次之後再給予增強。尤其是我們使用的增強次數不多，如此就能避免發生飽足（satiation）的現象；(2) 間歇性增強給予增強物所花費的時間較連續增強為少。

延宕增強	V.S.	間歇性增強
立即增強，行為表現一致後。	使用時機	連續增強，行為表現一致後。
維持行為	目的	維持行為
任務完成後，延宕獲取積極與交換其他酬賞或活動。	作法	建立行行為後，實施間歇增強，逐漸增長區隔的時間。
任務完成 延宕一段時間 才提供酬賞		任務完成 提供酬賞的時間和次數不定
自然情境中的增強為此延宕性增強。	重要原因	用極少的審核，獲得高度維持。

UNIT **6-2**
逐漸褪除或淡化行為後果

逐漸撤除或淡化要比突然的完全撤除或淡化，個體會較不易察覺。最後此項行為後果就可完全撤除，而不會使得行為回到原有的情況。Kazdin 和 Esveldt-Dawson（1981）曾將「褪除或淡化」界定為，逐漸撤除高度結構性的行為方案。此種逐漸地撤除高度結構性的行為方案，讓個體在日常生活中運作時，不會立即獲得特殊的酬賞。如果行為改變方案使用多重增強物，每次排除一項增強物，就可逐漸地褪除原有的行為改變方案。

另一種褪除技巧就是將褪除或淡化方案分成幾個層次。「第一個層次」是高度結構且表現特定行為，以獲取特定的酬賞（經常且立即的傳遞）；「第二個層次」是行為和立即酬賞之間較少直接的連結；「第三個層次」是學生仍然接近酬賞，但對其行為負有更多的責任。在此一階段，學生在沒有立即行為後果之下表現所欲的行為。

除分層代幣制可撤除或淡化行為後果外，另一個方法是評量行為及隨著時間遞減提供增強的結果。例如：Rosen 和 Rosen（1983）為降低男孩在教室中的偷竊行為。只要他不拿別人的東西，就給予積點；若是他拿，則罰錢。然後，每隔 15 分鐘檢核一次得到或損失的積點；結果此一程序，有效降低這位男孩的偷竊行為。然後，此一計畫撤除或淡化成每 2 個小時檢核一次，結果消除了這位男孩的偷竊行為；最後完全撤除或淡化，結果此一方案維持了三十一天。

為維持由酬賞計畫所建立的行為中漸進地褪除，唯有在行為目標已穩定至少幾週之後才來進行。在褪除酬賞方面，老師可採取下列方法（張世彗，1999）：

1. 如果老師正在使用代幣制降低籌碼檢核的次數（由每日三次至每日一次），一旦學生成功，此數目就可進一步降低（每週一次）。

2. 改變後援增強物的形式和次數。例如：可在一週結束或每隔兩週給予酬賞，替代每日給予酬賞。

3. 使用少數的具體酬賞如玩具，而使用更多活動和權利來替代。

4. 告訴他們如果在某段時間達到其目標（至少幾週），酬賞就會被停止。

對較大兒童來說，當酬賞褪除時，老師可能也需要學生繼續表現正確的自我監督。

另外，老師要注意的是：褪除酬賞時，如果行為變壞了，就可能需要重新介紹原先的方法。對某些 ADHD 學生來說，代幣制可能需要進行幾個月，甚至幾年，方能擴大學生在學業和行為上的成功。

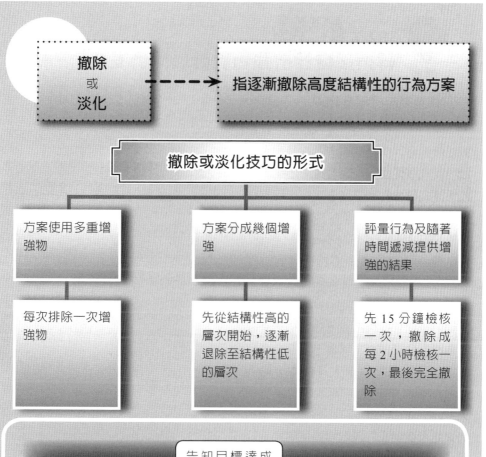

撤除
或
淡化 --------> 指逐漸撤除高度結構性的行為方案

撤除或淡化技巧的形式

| 方案使用多重增強物 | 方案分成幾個增強 | 評量行為及隨著時間遞減提供增強的結果 |

| 每次排除一次增強物 | 先從結構性高的層次開始，逐漸退除至結構性低的層次 | 先 15 分鐘檢核一次，撤除成每 2 小時檢核一次，最後完全撤除 |

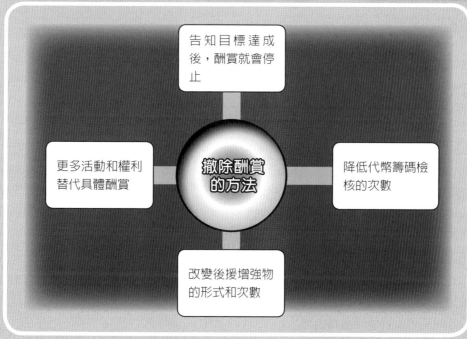

告知目標達成後，酬賞就會停止

撤除酬賞的方法

更多活動和權利替代具體酬賞

降低代幣籌碼檢核的次數

改變後援增強物的形式和次數

UNIT **6-3**
轉換為自然增強物與發展同儕支持

一、轉換為自然增強物

如前所述，增強目標在於由外在增強物轉換為內在增強物。外在增強應該總是與社會性增強和讚美搭配運用。最後，外在增強的需求降低了，而行為藉由讚美、他人注意及教室內或家庭裡已有權利和活動來自然地增強。

通常，行為發展需要特殊的行為後果，以達到高持續性的表現水準。一旦行為發展完成時，此種特殊的行為後果即可被取代。自然發生的行為後果或許無法自動支持適當行為，但若自然發生的行為後果可用來支持行為，則其在自然環境中就能提供有用的轉銜。Walker、Hop 和 Johnson（1975）曾運用代幣制來發展高度破壞性孩子的適當行為，俟孩子行為改善後，就讓孩子回到普通班。

二、發展同儕支持

同儕注意和贊同亦可作為強烈的增強物，用來建立、維持及類化目標行為。在目標學生行為改變方案上，如果同儕採取主動，那麼此一支持就可提供改變和維持行為的選擇。一方面，因為他們的表現可提供個體跨情境下，持續目標行為的線索、提示、社會性增強或監控（贊同或忽視）；另一方面，在撤除不同的增強物之後，同儕仍可影響到個體的行為。同儕支持能以各種方法來維持行為，同儕可以分享學生行為的酬賞後果：如果學生在班上表現良好，那麼全班就可以獲得 10 分鐘額外的休息時間。

另一種「同儕支持」的方法，包括同儕真正地監督行為和分配酬賞。提供酬賞或積點的學生，亦可從同儕特定的受歡迎行為，因工作表現良好而獲得酬賞。老師離開教室時，因在同儕影響下，行為應該會獲得維持。Pigott、Fantuzzo 和 Clement（1986）等人發現，以班上同學作為小老師，可增進低成就五年級學生的數學能力。在這項研究中，小老師的工作包括記錄每位學生正確完成數學問題的分數，同時與目前的目標分數相比較，然後決定受監督者是否可獲得任何後援增強物。在基準線階段，接受監督的學生平均僅正確做對一半的數學問題。但是三週的介入結束及十二週的後續追蹤評估，發現受監督者的表現進步相當神速，與其他同學相當。

第三種方法在於組合同儕支持到方案中，作為轉換至自然增強物的一部分。此一方案首先可能繫於具體增強物，如食物和具體項目。當行為有增進時，表現良好的學生就可獲得鼓勵或擔任當天的領導者。

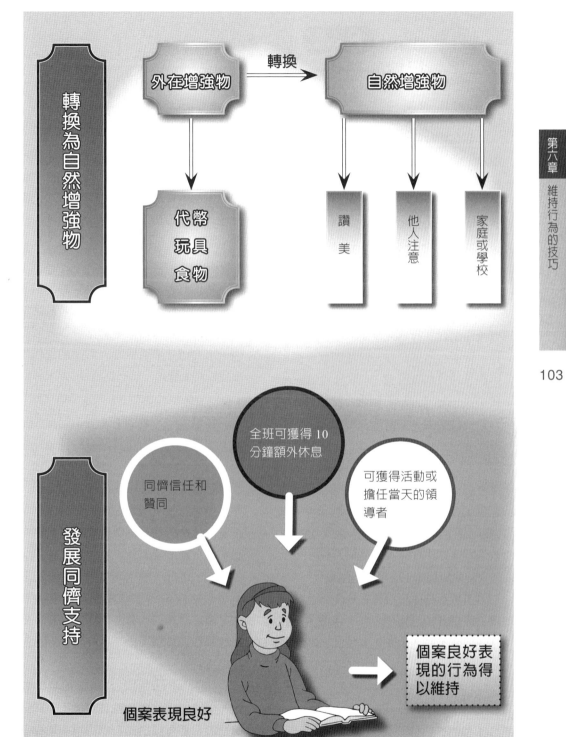

UNIT **6-4**
行為的類化

一、類化的涵義與類型

類化指行為改變發生在非訓練的情境中。類化包括兩種刺激和反應的歷程。「刺激類化」指已被特定刺激（人或情境）強化的反應，在呈現不同但類似的刺激中發生的現象。例如：學生在特教班已被強化的良好行為，也發生在他所參與的其他班級。

「反應類化」指行為的改變和發展類似於所訓練的行為。例如：學生因完成乘法問題（行為或反應）而獲得增強物，可能會增進其完成除法問題（類似所訓練的行為或反應）。不過，Alberto和Troutman（1986）指出，此種類化現象並不常發生，通常僅有特定行為會獲得改變的強化。他們曾進一步指出運用系統介入所改變的行為是持久的，或行為會在不同的情境中出現。至於行為類化無法產生，可能是增強時制類型的問題或是在自然情境中缺乏支持的緣故。教導輕度和中度障礙學生的行為，要比教導重度障礙學生更可能產生類化。

多數行為並不會自動產生類化，且行為改變若缺乏類化現象，那麼其功能性價值就不高。因此，發展和系統化實施有效的類化技巧，就顯得相當重要了。

二、類化技巧

1. 自然增強

對所有行為來說，日常環境中充滿了穩定、可依賴及自然的增強來源（Baer, 1981）。因此，進行任何行為改變應符合自然增強。例如：學生努力學習以獲得良好成績，教導學生舉手發言，及老師針對學生所做的給予有利的回應。很不幸地，自然環境常忽視適當行為，而注意不適當行為。

2. 實例增強

我們應教導學生充分足夠的實例，以確保學生能表現某種行為，乃是應用最普遍的類化技巧。老師常會舉一個好例子來介紹一個新概念，然後期望學生由實例產生類化（舉一反三）。

3. 刺激增強

在環境中，我們常會發現刺激的使用，要避免刺激對行為改變的控制是很困難的（Baer, 1981）。也就是說，如果任何刺激一致地在行為改變期間出現，則這些刺激就可能會控制行為的改變。不管怎樣，若在行為改變期間呈現許多的刺激，那麼沒有任一刺激應該獲得專用控制。因此，要求類化的情境就可能至少包括在行為塑造期間呈現某些刺激，使這些相同刺激都能激勵類化；即在教學和類化情境上，某些重要刺激應該是共通的。

如果每一情境享有訓練情境的特性，則跨情境的類化就更可能出現。這種情形我們可藉由在自然環境中增進訓練情境的類似性，或在自然環境中介紹

訓練情境的要素來達到。例如：在身心障礙資源班上課時，由於老師所提供的作業形式及所給予的立即回饋，使學生能很有效率地完成作業。那麼所有這些元素都應介紹到普通班級中，以激勵良好學習習慣的類化。

4. 延宕增強

間歇增強時制可導致行為改變的維持。因此，我們亦可使用延宕性增強來類化已建立的行為。如果已建立的行為無法由訓練情境類化至其他情境，就應延宕增強，直到行為在其他情境一致出現為止。

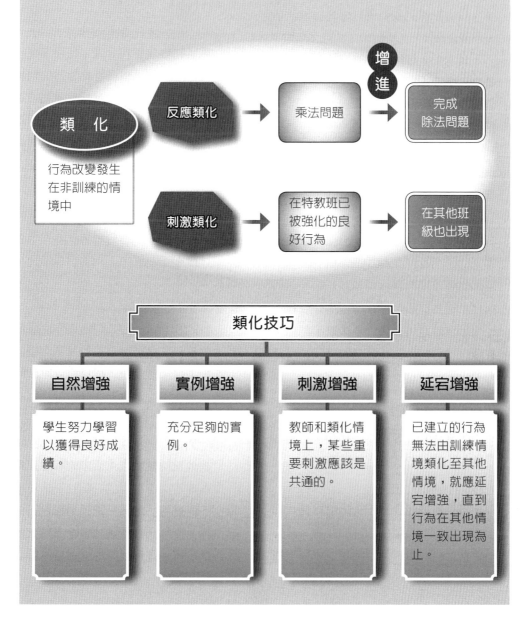

類　化
行為改變發生在非訓練的情境中

反應類化 → 乘法問題 →【增進】→ 完成除法問題

刺激類化 → 在特教班已被強化的良好行為 → 在其他班級也出現

類化技巧

自然增強	實例增強	刺激增強	延宕增強
學生努力學習以獲得良好成績。	充分足夠的實例。	教師和類化情境上，某些重要刺激應該是共通的。	已建立的行為無法由訓練情境類化至其他情境，就應延宕增強，直到行為在其他情境一致出現為止。

UNIT **6-5**
自我管理——涵義與種類

一、自我管理的涵義

自我控制或自我管理行為是確保與維持行為改變最具潛力的技巧。現在專業人員均瞭解到我們應付出更多關注，來發展正面技巧，預防學習和行為問題。

基本上，行為改變方案的最終目標是自我訓練、自我管理或自我控制。自我管理包括在各種情境達到控制某人的行為。在此歷程中，個體改變自己的行為來維持特定的目標。自我控制的目標可能已成為系統化行為改變方案的一部分。

自我管理是個人試圖以一個現在的行為，去控制另一個之後發生的行為出現（目標行為）。依據 Skinner（1953）所言，自我管理包含行為控制及被控制的行為。行為控制包括在前提事件及行為結果出現時運用自我管理策略，例如：提醒、社會性增強、自我監控及撰寫行為契約等。

二、自我管理策略的種類

下列自我管理策略的種類，可當作是控制行為，進而影響目標行為的發生。

1. 設定目標和自我監控

設定目標包含寫下明確的目標行為層級及擬訂行為發生的時間計畫。設定目標配合自我監控及其他自我管理策略會更有效。

2. 蒐集基準線資料與觀察記錄行為

實施行為改變介入之前，通常要蒐集與記錄基準線資料，這項資料可作為發展行為改變方案的基礎。

3. 重新建構控制行為的前提事件

為了在自我管理計畫上使用刺激控制，就須重新建構引發特定行為的情境線索。首先，個人須決定行為發生或不發生的情境；其次，個人要決定適當行為發生的情境；然後個人應該在重建的情境中表現出期望的行為。

4. 行為契約

雖然行為契約是由另一個人來實施行為結果，因為行為契約是設計來影響目標行為未來的發生，也被視為是種自我管理策略。

5. 安排增強和處罰

自我增強指個人表現出特定行為時，學習提供自己酬賞；自我處罰指個人表現出特定行為時，提供自己厭惡的行為後果。由於個人並不喜歡執行自我處罰，因此自我處罰應組合自我增強。

6. 社會支持

社會支持是個人生活中的某些人為行為目標的出現，提供一個自然情境或線索，或很自然地為目標行為提供增強的情況。一旦具體安排社會性支持去影響目標行為，這樣社會性支持就屬於自我管理策略。

7. 使用自我教導和讚美

在需要特定目標行為的情況時，透過自我教導告訴自己該做什麼、要如何去做。在適當行為發生後，立即表達自我讚美，提供自己行為確實的評價。

8. 替代反應訓練

替代反應訓練包括訓練另一項反應來替代一項非所欲的行為。人們常在日常生活中使用替代反應來控制許多行為。例如：人們會遮蓋眼睛來避免看到令人困擾的事物，吃口香糖來避免抽菸，及運動來避免吃。

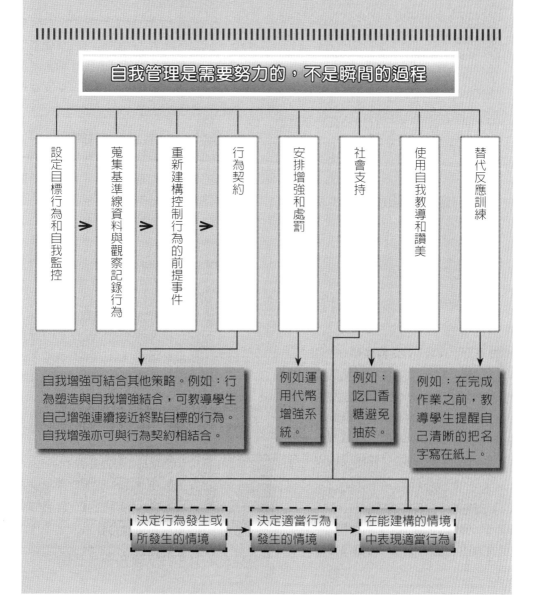

UNIT **6-6**
自我管理——重新建構控制行為的前提事件

為了在自我管理計畫上使用刺激控制，就必須重新建構引發特定行為的情境線索。首先，個人必須決定行為發生或不發生的情境；其次，個人要決定適當行為發生的情境；然後個人應該在重新建構的情境中開始表現出適當的行為。

一、涵義與類型

前提事件控制程序有六種不同的型式，可分成建立期望行為和降低不受歡迎行為等兩大類：

(一) 建立期望行為

1. 安排可區別性刺激或暗示，以促進期望行為

期望行為沒有出現的原因之一，可能是這個行為的可區別性刺激或暗示沒有出現在個人的環境中。例如：吃健康食物的可區別性刺激就是在冰箱中有健康食物。

2. 安排建立期望行為的操弄

建立操弄是一種環境事件或生理狀態，改變刺激物的價值來作為增強物。一旦操弄建立了，就可以引發想要增強的行為。例如：連續跳有氧舞蹈 1 小時和流很多汗，就是一種建立操弄，可以強化喝水的行為。

3. 降低期望行的反應難度

另外一種促進期望行為發生可能性的方法，就是安排一種前提事件，來降低從事這種行為所需要的努力。

(二) 降低不受歡迎行為

1. 排除可區別性刺激或暗示，以降低不受歡迎行為的出現

降低不受歡迎行為發生的一種方法，就是排除對不受歡迎行為有刺激作用的前提事件；如果可區別性刺激或提示線索不存在，那麼從事該不受歡迎行為的可能性就會變低。

2. 消除不受歡迎行為所建立的操弄

如果能夠降低不受歡迎行為結果的強化效果，個人就可能不會從事不受歡迎行為，而更願意從事期望的行為。透過消除不受歡迎行為已經形成的條件，讓不受歡迎行為的結果得到較少的增強作用，雖然不見得每一次都能夠實現，但是在某些情況下是有用的策略。

3. 增加不受歡迎行為的反應難度

另外一種降低不受歡迎行為的競爭方法，就是增加該行為的反應難度。如果不受歡迎行為的發生需要付出很多的努力，它就不太可能干擾期望行為。

二、前提事件控制程序示例

讓小安建立良好的運動習慣：

小安是國小學生，每天放學後就會搭公車直接回家，最近她發現自己的體重上升，讀書和做報告時體力也不佳，希望能夠建立運動習慣。她決定要採取

下列九項建立運動習慣的前提事件控制程序，幫助自己少偷懶、多運動，以降低體重，增強體能，增進健康：

1. 選擇 1-2 個自己喜歡的運動。
2. 買一雙自己喜歡的運動鞋。
3. 每天固定一段時間到運動場／健身房運動，當天氣不佳的時候，可以到室內運動。
4. 每天記錄自己的運動時間，並把紀錄表貼在書桌前，鼓勵、提醒自己。
5. 找一位喜歡運動的人，每週跟他約固定幾天一起運動。
6. 訂定自我管理計畫，並設定自我增強物及懲罰物。
7. 告訴朋友和家人自己每天都要運動，並請他們提醒自己不要偷懶。
8. 晚餐儘量提早到 7 點前吃完，避免因為太晚用餐而有藉口偷懶。
9. 搭乘經過運動場／健身房的公車，運動完再回家。

　　爲建立期望行爲與降低不受歡迎行爲，小安上述這些前提事件控制程序，可歸納分析如下：

1. 安排可區別性刺激或暗示，以促進期望行爲

　(1) 去運動場／健身房運動、找一位朋友一起運動。
　(2) 把運動紀錄貼在書桌前去運動場。
　(3) 健身房運動，那裡有很多同樣在運動的人，能製造運動的氛圍，形成刺激效果。
　(4) 找位朋友一起運動，除可提高運動

的動力之外，也是一種刺激作用，讓小安更願意運動。

2. 安排建立期望行爲的操弄

　　買自己喜歡的運動鞋，可讓小安有動力去運動。穿著自己喜歡的運動鞋，也可讓小安在運動中感到更愉快。

3. 降低期望行爲的反應難度

　　搭乘有到達運動場／健身房的公車回家，可直接在運動場或健身房附近下車，不用再特別換車或到很遠的地方運動，可降低期望行爲（運動）的反應難度。

4. 消除不受歡迎行爲所建立的操弄（偷懶）

　(1) 7 點前吃完晚餐。這樣可避免小安因太晚吃晚餐，而有藉口偷懶不去運動。
　(2) 運動完才回家。這樣可以避免小安回家後，懶得再出門運動。

UNIT **6-7**
自我管理──實施步驟與臨床問題

一、自我管理計畫的步驟

自我管理計畫可包含下列步驟（Miltenberger, 2012）：

1. 決心執行自我管理

如果你期盼本身的努力能有收穫，就須下定決心去改變。

2. 界定目標行為和競爭性行為

首先須界定要改變的目標行為，才能正確記錄並執行自我管理策略。確認和界定與目標行為不相容的行為也是很重要的。

3. 設定目標與自我監控

設定目標時，要確認適合的目標行為層級，能反映出生活某方面將有所改善。每次目標行為發生後立即記錄，執行自我監控計畫。

4. 實行功能性評量

在計劃開始時，必須實行功能性評量，以決定目標行為和競爭性替代行為的前提事件及行為後果，並結合自我監控的執行。

5. 選擇適當的自我管理策略

如果個人想要降低不受歡迎的目標行為，就應採取下列一種或一種以上的做法：「消除目標行為的增強物、安排目標行為發生的處罰物或使用行為技巧訓練程序教導替代性行為。」增強期望行為與降低不受歡迎行為之前提事件操作的自我管理策略，包括：(1) 呈現期望行為之可區別性刺激或暗示；(2) 消除不受歡迎行為之可區別性刺激或暗示；(3) 安排建立期望行為的操作；(4) 呈現廢除不受歡迎行為的操作；(5) 降低期望行為的反應努力；(6) 增加不受歡迎行為的反應努

力。增強期望行為與降低不受歡迎行為之行為後果操作的自我管理策略，包括：(1) 提供期望行為增強物；(2) 消除不受歡迎行為的增強物；(3) 消除期望行為的處罰物；(4) 提供不受歡迎行為處罰物；(5) 運用技巧訓練程序教導期望行為。

在自我管理計畫上，個人應選擇直接影響目標行為的前提事件和行為後果操作，或是影響替代性行為（間接性影響目標行為）的前提事件和行為後果操作。

6. 評估改變情形

一旦個人實施了自我管理策略，透過自我監控持續蒐集資料，並評估目標行為是否正朝向所要的方向改變。如果答案是肯定的，持續實施以確定是否達到所設定的目標。一旦達到目標，就到了實施維持策略的時刻。如果答案是否定的，就需重新評估，做出任何必要的改變。

7. 必要時，重新評估自我管理策略

如果目標行為未朝向所要的方向改變，你應該考量兩種可能造成自我管理策略無效的問題形式：(1) 自我管理程序可能未正確實施：如果發現沒有正確地實施自我管理程序；就須採取必要步驟在未來正確實施。若發現不可能正確實施這項程序，就須選擇有能力實施的其他自我管理程序；(2) 可能選擇了不適當的自我管理策略去實施，如果個人發現實施的程序是正確的，但並未造成期望的行為改變，就需重新評估程序。在自我管理計畫上，個人可能並沒有選擇到適切的前提事件或行為後果去操作，而需再瞭解個人的功能性評量資訊，或實

施另一項功能性評量以決定哪些是適切的前提事件或行爲後果。

8. 實施維持策略

一旦達到了自我管理方案的目標，實施策略將目標行爲維持在所期望的水準上。理想上，就可停止使用自我管理策略，讓自然的偶發增強事件維持目標行爲或替代性行爲。

對許多人來說，自然的偶發事件不可能長久維持其目標行爲。例如某人試著維持減重，他經常自然的強化與朋友外出吃飯。因此，持續實施某些自我管理程序是必要的。個人持續設定目標並進行自我監控是有用的。通常，持續設定目標與自我監控，就足以維持目標行爲。

二、臨床問題

這個部分涉及到個人能夠用來改變本身行爲的自我管理策略。這些策略適用於過度或不足的行爲。惟有些問題可能較爲嚴重（如酒精中毒、賭博、藥癮、虐待行爲等），而需要專業協助（Miltenberger, 2012）。針對嚴重干擾到個人生活的臨床問題，個人應該尋求受過訓練的專家來處理此類問題，例如臨床或諮商心理師。

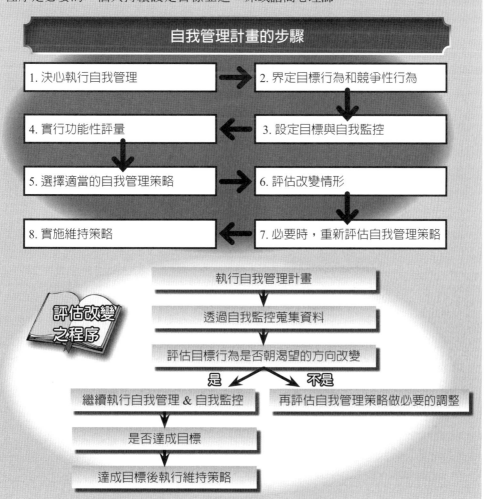

第**7**章

認知本位的
行為改變技巧

● 章節體系架構 ▼

UNIT **7-1**
想像本位暴露法──系統減敏感法和洪水法

想像本位暴露法（imagery-based exposure treatments）係指讓個體暴露在引起焦慮的刺激情境中，以達矯治效果。

在行為改變技術發展的初期，已有幾種方法被發展來降低人們的害怕行為。有些方法如系統減敏感法是漸進地暴露個人至令人感到害怕的情境，來降低體驗害怕的程度。其他技巧則是暴露個人至高度的害怕情境，以預防逃脫行為的可能。其實施方式可以是真實的或想像的。而想像式系統減敏感法和洪水法這兩種是矯正焦慮的程序，而程序的變化則需依賴心像法。

一、想像式減敏感法

想像式系統減敏感法（imaginal desensitization）指訓練個體能完全放鬆，且在引起最少至最大的焦慮情境中放鬆，直至消除這些情境所引起的焦慮。例如：有懼高症的人想像自己在各種引發焦慮的情境中（看著摩天大廈、爬樓梯、坐電梯升高、從摩天大廈往下看等）。

二、想像式洪水法

至於想像式洪水法（imaginal flooding）是訓練個體能完全放鬆，且在最後引起焦慮的情境中放鬆，直至消除這些情境所引起的焦慮。這種方法的用意主要是引起最大的焦慮，並持續地想像所呈現的情境使個體產生習慣。例如：

在懼高症的例子中，個體想像他從摩天大廈往下看（最大的焦慮）持續幾分鐘或幾小時，直到焦慮減弱。

三、比較與研究成效

研究人員曾比較真實和想像的洪水法程序，發現這兩種方法都可以成功地降低許多不同的焦慮和恐懼（Borden, 1992; James, 1986）。想像式程序的好處是很容易呈現大範圍的情境且可控制這些情境的呈現，以及無法在真實生活中呈現害怕情境時。例如：有項研究曾針對一位後天精神創傷憂慮疾病的 6 歲半男孩，他的症狀是高度壓力事件或經驗的結果。研究者安排五種引起焦慮的情境（如觀看受傷者及殘骸和接觸特定的購物區）來矯正這位男孩的症狀。研究者首先評估每個景象令他感到不舒服的程度。當個案學會放鬆，就延長景象呈現的時間（超過 20 分鐘）。在這期間，要求個案想像這些景象確實的細節。結果顯示，個案的後天精神創傷憂慮疾病已有顯著的改善（Kazdin, 1994）。

研究已顯示「洪水法」在降低各種焦慮和恐懼情境上是極為有效的技巧（TEPDPP, 1993; Nietzel & Main, 1988）。「洪水法」就像「系統減敏感法」一樣有效，但「想像式洪水法」似乎比「想像式系統減敏感法」更有效（Wilson, 1982）。

想像式系統減敏感法

想像怕狗

在引起最少至最大的
焦慮情境中放鬆

覺得還好

想像式系統敏感法

更有效於

想像式洪水法

115

想像式洪水法

想像怕狗

想像最大焦
慮情境直到
焦慮減弱

UNIT **7-2**
想像本位暴露法──內隱制約技巧

一、涵義

　　內隱制約技巧之所以稱為「內隱」，是因它要求個體去想像目標行為及其後果；而被稱作「制約」，是因重點在學習，包括古典制約作用、操作制約作用及觀察學習。這項技巧是假設外顯和內隱行為會產生互動，而改變其中一個就會影響到另一個。基本上，個體以明確方式想像各種會導致行為改變的事件。就多數技巧而言，個體想像一種特定行為與會增進或抑制此項行為的正面或負面行為後果。

二、類型與運作方法

　　各種內隱制約的類型及其運作方法如下：

1. 內隱厭感制約

　　個案想像將要去除的目標行為（如暴飲暴食或酗酒），然後想像令人厭惡的行為後果（如感到嘔吐）。其目的是要使先前吸引人的刺激變成為令人厭惡的刺激。例如：有位家庭醫師王先生，從小就是重量級人物。結婚後，太太食量很小，他就義不容辭把剩下的荽飯全數解決，加上又不常運動，體重因而直線上升，很快就破百。30 歲後，他當上爸爸，自覺責任重大，加上經常在門診看到患者被高血壓和糖尿病折磨得慘兮兮，於是下定決心要減肥。王醫師主要是採用「恐怖熱量想像法」（想像食物的

熱量）來抑制食慾，加上持續的慢跑，成功使得體重從破百降到 70 公斤，而且維持了一年都沒變。

2. 內隱消弱

　　個案想像將要降低或消除的目標行為（如上課講話），然後想像增強行為（別人的注意）沒有出現。

3. 內隱反應代價

　　個案想像將要降低或消除的目標行為，然後想像失去增強物（如金錢或其他有價值的事物）。

4. 內隱正增強

　　個案想像目標行為（如上課舉手發表），然後想像假定為增強的愉快景象（如獲得老師的讚美）。有位研究者曾針對一位中度發展障礙且擁有長期暴力和侵略傾向的 29 歲男性，採用內隱正增強技巧來培養其非暴力行為。他讓個案想像表現出適當行為之後令人愉悅的行為後果景象，結果顯示其暴力和侵略行為獲得明顯的改善（Kazdin, 1994）。

5. 內隱負增強

　　個案想像一種厭惡性刺激（如同儕的嘲叨），然後想像一項積極的行為（如果敢的回答同儕）而終止厭惡性刺激。

6. 內隱示範

　　個案想像表現出楷模的行為（另一個人），然後在情景中加入增強效果。惟增強對過程並非絕對必要的。

三、應用與成效

內隱制約技巧已經被應用在各類問題上，包括焦慮、性偏差、不夠果決、情緒困擾及酒精濫用等。不過，這項認知行為改變技巧只對有限的臨床問題有效果，且其矯正程序通常由專業的治療師進行。惟也可以採取自我管理的技巧，因為個體可以在結束之後，想像各種情景來處理問題。

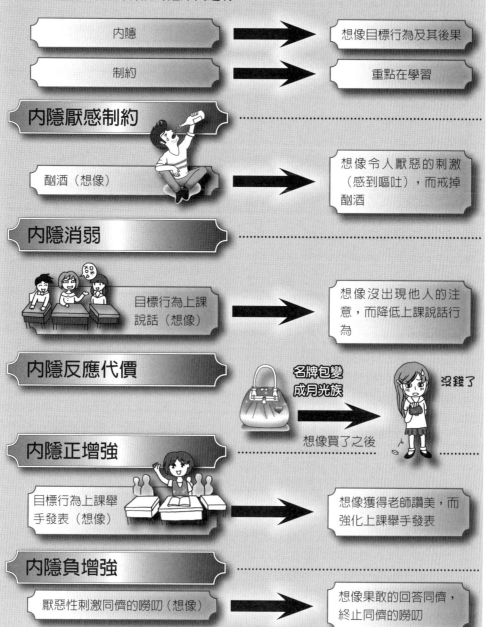

UNIT **7-3**
自我教導訓練——涵義、基本假定和正向內言設計

一、涵義

自我教導訓練（self-instructional training）是加拿大臨床心理學家 Meichenbaum（1974）所建立的一種著名的認知行為改變技術。他在臨床醫療與教導子女的經驗中發現，個體對自己所說的內在語言，不僅具有導引自己行為的功能，且可能是個體行為改變的關鍵所在。

後來，Meichenbaum 逐漸獲得幾點結論（廖鳳池，1989）：(1) 自我教導訓練對個案的分心行為及歸因形式，具有特殊效果；(2) 個案透過自我控制的自我敘述達成行為改變後，常會將此成就歸因為自己的努力，較少認為是運氣或工作簡易；(3) 僅靠語言就想改變個體的行為是不夠的，個體的思想、能力及環境的配合都是必要的；(4) 經常的誘因通常是必備的。因此，Meichenbaum 特別將其技巧稱為「認知行為改變技術」，以表示其所建立的自我教導訓練，是結合認知治療與行為治療的理論（Meichenbaum & Genest, 1980）。

二、基本假定

自我教導訓練的基本假定是：「人們對他們自己所說的話，決定了他們在其他方面所做的事。」根據 Meichenbaum（1974）的看法，個體的行為會受到許多內在和外在層面的影響，而內在語言是這些層面中的一項，但它卻決定了所有其他層面的影響作用。所以 Meichenbaum（1974）認為：「假如我們要改變個人的行為，就須先考慮他在行動之前所做的思考。」因此，它的認知行為改變取向著重於「讓個體瞭解負向內在語言對其的不良影響，然後運用自我教導訓練，鼓勵個體直接改變自己的內在語言，來降低或消除情緒困擾或不適應的行為。」

三、正向內言的設計

根據 Meichenbaum（1974）的看法，要實施自我教導訓練，首先要設計出「正向內言」，以作為訓練的主要內容。一般而言，「正向內言」可分為兩類：(1) 是用來對抗無法專心的自控內言；(2) 為用來對付造成困擾的負向內言。

1. 自控內言

當個案做事無法專心時，教導他熟練一些專注於工作的「正向內言」，往往可幫助他克服分心行為。通常自我教導的內言，一開始時要比較簡單，然後逐漸增加內容，最後須能處理錯誤的狀況，並將口語教導和實際行動做緊密配合。俟有二至三次成功經驗後，就可歸納成一些問題及策略，而形成較具通則性的內言設計，用來改善其行為表現。

2. 對抗負向內言的設計

這種自我教導訓練的設計，首先須找出個體原本習慣性的「負向內言」的內涵（如我害怕一個人在家，現在該怎麼辦？），再探究這些負向內言造成個體困擾的原因和方式，再來設計對抗它們的「正向內言」（獨自在家是必要的，我相信我可以克服）練習。

內言

具導引自己行為的功能

可能是個體行為改變的關鍵所在

基本假定

人們對自己所說的內言，
決定了他們在其他方面所做的事

認知行為
改變取向　→　瞭解負面
內言　→　自我教
導訓練　→　改變內言　→　降低不適
當行為

實施自我教導訓練的首要步驟　⟶　設計正向內言

負向內言：
我害怕一個人在家，
現在該怎麼辦？

正向內言：
獨自在家是必要的，
我相信我可以克服

UNIT **7-4**
自我教導訓練——實施步驟與注意要點

一、實施步驟

自我教導訓練的實施程序，最早是由蘇聯的心理學家 Luria（1961）所發展出來的。他認為教導兒童運用口語控制的方法來控制自己的行為，必須經歷三個階段：(1) 由大人運用語言來指導兒童的行為；(2) 兒童反覆唸出大人的指導語言，來引導自己的行為；(3) 兒童使用內言來引導自己的行為。

後來 Meichenbaum 和 Goodman（1971）將自我教導訓練，依序分為以下五個步驟：

1. 認知示範（cognitive modeling）

由施教者示範，以大聲自我教導自己表現出所欲訓練的行為，兒童在旁邊觀察學習。

2. 外顯引導（overt guidance）

兒童在施教者的口語引導下，表現上述所欲訓練的行為。

3. 外顯自我引導（overt self-guidance）

兒童大聲地自我引導自己表現出該行為。

4. 褪除外顯自我引導（faded, overt self-guidance）

兒童輕聲地自我引導自己表現出該行為。

5. 內隱的自我引導（covert self-instruction）

兒童以內在語言，引導自己表現出該行為。

二、注意要點

施教者在使用自我教導訓練，協助個體克服情緒困擾或其他不適應行為時，應注意下列事項：

1. 施教者應採取解說、提供資訊及面質等技巧，讓個案瞭解那些負向內言在其不適應行為中扮演重要的角色。

2. 正向內言要想反制成功，須有足夠練習次數。

3. 施教者須明確且熟練的說明和示範正向內言的要點及用法。

4. 自我增強的內言設計（如我的能力不錯）非常重要，可擴大訓練成效。

5. 施教者協助個案自己設計及實施自我教導訓練，而不是強迫灌輸自認為良好的內言。

6. 除足夠訓練外，應用來對付實際的困境也很重要。

自我教導訓練須歷經三個階段

大人運用語言指導兒童行為

兒童反覆唸出大人指導的語言

兒童使用內言來引導自己的行為

自我教導訓練實施的注意要點

- 讓個案瞭解負向內言的影響
- 正向內言需有足夠練習
- 明確說明和示範正向內言
- 自我增強內言
- 協助實施和設計內言，非強迫灌輸
- 訓練外，對付實際困境也很重要

UNIT **7-5**
理情治療法——非理性思考形式和運作

一、不適應想法的非理性形式

Albert Ellis 在 1950 年代發展認知重組法，稱為「理情治療法」（rational emotional therapy, RET），又稱為「ABCDEF 理論」。此種治療法的基本前提是情緒困擾，常源自於「錯誤和非理性的思考」。這些思考歷程會造成個體對於所經驗的人或事，產生不夠真實的知覺、解釋和歸因。根據理情治療，支持身心機能者的有關生活事件的想法是來自非理性信念，已有下列五種非理性普遍形式被確認了，理情治療法的主要目的就在於改變這些思想和信念的本質：

1. 絕對的思考方式

用一種不是全部就是什麼都沒有，不是黑就是白的方式來看待事件。Ellis 和他的同事已經確認三種絕對思考模式者常有：(1) 我總是做的很好，並贏得其他人的認同；(2) 其他人都必須對我好，並且以我喜歡的態度對待我；(3) 我周遭的情形必須輕易達到我想要的或是不想要的。

2. 毀滅性地執著於將小狀況視為嚴重的

例如：某個大學生將在小考中考不好，解析成「這是我大學生涯的終點」。

3. 對於挫折的容忍度低，沒有能力忍受小麻煩

例如：有位女生為了看醫生而必須等待 5 分鐘，但她會走出等待室並對自己說：「真是糟糕透了，我竟然必須花一整天的時間來等看醫生！」

4. 過度概括性思考

例如：有位大學助理教授在一個班級發表了一次貧乏的授課內容後，告訴自己：「我永遠不能成為一位好的老師。」

5. 沒有自我價值感

例如：一位高級幹部決定她自己是沒價值的，因為她不能在一天之內完成所有的工作。又如：我喜歡的人必須喜歡我，否則我是毫無價值的。

二、理情治療法的運作架構和應用

Albert Ellis 的「ABCDEF」理論，主要是透過讓個體瞭解其信念系統對其情緒及行為後果的影響，讓個體能夠瞭解個人的理性信念，會造成適當的情緒後果及適當的行為後果；至於非理性信念，則會產生不適當期望的情緒後果及不適當的行為後果。其中，「A」（緣起事件）並不是直接導致「C」（情緒與行為之行為後果）的結果，而是個人對於緣起事件的看法「B」（非理性的信念），導致行為後果「C」。然後，協助個體辨認出他自己的非理性信念，並進行猛烈的駁斥「D」（駁斥和干涉非理性的信念），以期個體的思考能由原有非理性的信念，轉換為新的理性思考，進而產生新的情緒和行為「F」。

理情治療法的基本前提

| 情緒困擾 | 源自於 | 錯誤和非理性思考 |

理情治療法的目的 改變非理性思想和信念的本質

絕對的思考方式

毀滅性地執著於將小狀況視為嚴重的

絕對的思考方式

對挫折的容忍度低

過度概括性思考

沒自我價值感

理情治療法　「ABCDEF」理論

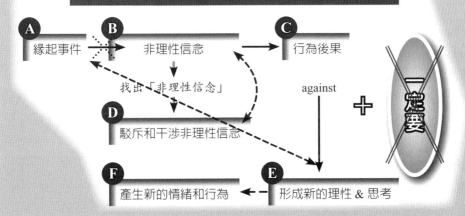

UNIT **7-6**
理情治療法──基本練習步驟與成效

一、基本練習步驟：排除「一定要」的情結

你曉得一般人多常使用「一定要」嗎？我們可透過計算，每天甚至是 1 小時中，你聽到別人使用「一定、必須、應該、應當」的次數來瞭解，次數可能是很高的。大學生告訴教授：「我無法參加星期三的考試，因為我『必須』回家參加活動。」老師告知學生：「你『一定』要準時繳交你的報告。」每天有關這方面難以計算的次數，從人們口中說出，彷彿如果他們不做這件事或其他的事，世界就要結束一樣。

這個練習的目的，是讓你覺察自己的「一定要」情結，同時練習運用理情治療法的技巧，來推翻非理性的思考而代以使用理性的思考。

首先，寫下你使用「一定、應該、必須、應當」的例子，記錄在表格中。你也許在和別人的對話或自我對談中使用了「一定要」的字眼。如果能尋找一位每天相處的朋友幫忙，請他指出你何時有了「一定要」情結，這樣會很有幫助，因為我們通常很少察覺自己用了多少「一定要」的字眼。

一旦你有十句以上的「一定要」情結，要針對每句「一定要」的想法，寫下簡短的反駁論點，這些論點要解釋為何想法是非理性的。最後，寫下理性的想法作為非理性想法和「一定要情結」的抉擇。理性的想法要反映出你對自己的行為導正負責，並聲明你所想要的或是選擇的，而非你相信一定要做的。

二、理情治療法的成效

目前已有許多研究評估「理情治療法」，在處理各種情緒和行為異常的成效（Engels, Garnefski, Diekstra, 1993; Gossette & O'Brien, 1993; Haaga & Davison, 1993）。這些研究提出了四項結論：

1. 理情治療法對某些異常似乎是有效的，如焦慮。
2. 在處理恐懼和焦慮方面，理情治療法比其他處理方法（如系統減敏感法），並不特別優異或較為無效。
3. 由於很少有研究組合長期和追蹤評估，因此少有事實顯示理情治療法的改進是持久的。
4. 許多理情治療法的報告或設計不佳，使其結果不夠明確。

| 步驟 1 | · 寫下你使用「一定、應該、必須、應當」的例子 |

| 步驟 2 | · 針對每句「一定要」的想法，寫下反駁論點 |

| 步驟 3 | · 寫下理性的想法作為非理性想法和「一定要情結」的抉擇 |

125

理情治療法的成效

對某些異常有效，如焦慮

在處理恐懼和焦慮上，這種方法不見得更有效

很少事實顯示理情治療法的改進是持久的

許多報告或設計不佳，使結果不夠明確

UNIT 7-7
認知治療——涵義、認知錯誤形式和過程

一、涵義

「認知治療」是一種處理行為和情緒異常的認知重組法，這種方法類似理情治療法，係由精神病理學家 Aaron Beck 所建立的。

「認知治療」的基本概念稱為「基模」（schema），它是組織個體經驗與影響其對於日常事件的知覺、解釋及歸因的一種基本的認知結構。我們可將基模視為「核心信念」（core beliefs）。我們每個人都有基模來組織我們的知識體系。不管怎樣，凡發展出情緒問題的人，這些核心信念均傾向於變成自動思想（automatic thought）——習慣或經常地發生錯誤或不適當的思考形式。

例如：具有能力不足基模的人會傾向在許多情境預期失敗。而「認知治療」就是企圖發現個案的自動的思想為何，協助個案克服認知盲點、模糊知覺、自我欺騙及不正確判斷，然後改變其認知中對現實的直接扭曲或不合邏輯的思考形式（廖鳳池，1989）。

二、認知錯誤的形式

依 Beck（1976）的看法，發展出情緒異常的個體往往會有過度錯誤和不適當的思考形式。凡臨床上有沮喪症狀的人，可能會發展出負面三元，包括對自我、世界和未來的錯誤及負面看法。認知錯誤的形式如下：

1. 二分法的思考（用絕對性、全有全無的術語思考）

例如：人不是聖人就是罪犯；物體不是完美的就是有缺點的。

2. 過度類化（依據某一事件建立通則，並運用此項結果來判斷他人或事件）

例如：發現孩子偷竊東西的母親，可能會決定他是可怕的、無用的或孩子是惡魔。

3. 任意推論（從不充分的、模稜兩可的或相反的事實，來引出特定的結論）

例如：工人可能會將其老闆的不快樂，解釋為是其工作表現不力的緣故。事實上，這可能只是其偏見而已。

4. 擴大（延伸事件的意義或影響力）

例如：考試獲得 80 分的學生，可能將此成績視為是一場大災難。

三、認知治療的過程

在 Beck 的治療程序，相當重視「蘇格拉底的對話」的應用。這是一種透過不斷詢問對方名詞的定義、邏輯推理及據實的問答式談話。他運用此種對話方式來協助當事人體會想法和情緒間的關聯（及填空），並逐步澄清和改正自己的想法。

另外，Beck 也試著運用各種認知或行為治療技巧來進行諮商工作。例如：自我監控情緒、認知預演、角色扮演等。

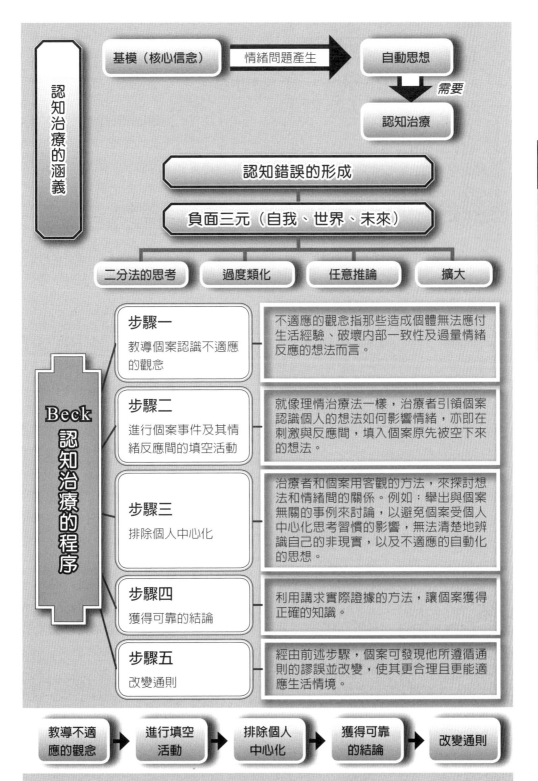

UNIT **7-8**
認知治療──介入和成效

一、認知和行為介入

認知治療有許多特定介入技巧，來直接改變當事人的認知。例如：在焦慮的治療中，若當事人認為某件不好的事即將發生在他們身上，我們可使用「三個欄位」的技巧，去幫助他重建想法（Beck & Emery, 1985）。

首先，第一個問題是「證據是什麼？」也許在治療過程中牽涉到分析邏輯錯誤和提供資訊（排除不合實際的想法）。當事人被要求使用下列技巧，去發覺錯誤想法。在「情境」欄位中，他們描述引發焦慮的情境；在第二個欄位中，寫下自動化想法；而在第三個欄位中，填寫他們想法中的錯誤。然後，要求他們去描述他們的自動化想法，如同面對假設一般，透過觀察去測試他們。

第二個問題是「用什麼別的方式來看待它呢？」包含對事情的解讀及抉擇的形成。例如：對最後幾個完成考試的學生做出的反應是「我一定很笨」，或包含「我知道很多題材，並且有很多要說」，或「寫出組織性良好的答案需要時間」。治療師對可能增加壓力的事件，首先塑造這種不具威脅性的解讀技巧，然後由當事人練習這項技巧，重新歸因的責任有助讓當事人相信他們有能力控制負面結果。

第三個問題是「如果真的發生了怎麼辦？」在當事人預期了可怕結果後，這樣的問題是可被瞭解的。例如：當事人歷經失業恐慌後，相信即使不具任何傷害性的身體感覺都是輕微疾病的象徵。排除災難性想法幫助當事人看往其他非大災難性的結果，例如：發燒是由於疲累、饑餓或是壓力，而非腦瘤的原因，這樣的過程幫助當事人將期望轉向真實面向（Spiegler & Guevremont, 1993）。

除上述直接塑造當事人的認知外，認知治療亦改變了當事人的行為，此為間接改變他們的認知和情緒。例如：有位沮喪的當事人認為他無法照顧自己；透過塑造的過程，他開始自己著衣並料理他的三餐。基於此項經驗，當事人也許可以重新建構關於自己能力的想法和減少無助悲觀的感覺。當事人所表現的行為，通常被視作試驗提供他們去駁倒關於自己和世界的非邏輯性想法（像是「我無法照顧自己」）。

一般說來，當事人的疾病和認知失調愈嚴重，會依賴愈多的行為介入，至少在治療的一開始。因此，在認知治療中，許多技巧被用來改善過度的行為。

二、認知治療的成效

原先 Aaron Beck 所發展的「認知治療」是用來處理沮喪的。許多研究亦顯示，認知治療對此種症狀的處理效果良好，且具持久（Craighead, Evans, &

Robins, 1992; Robins & Hayes, 1993）。對多數個案來說，就像其他形式的心理治療與各種藥物治療一樣，認知治療在降低沮喪和維持已改進的情緒功能上是有效的。不管怎樣，實質上約有三分之一的沮喪個案使用認知治療未能獲得改善。1970 年代後，Beck 所發展的認知治療已被擴大範圍來處理其他的情緒問題，包括焦慮、驚慌、吃的異常等（Beck, 1993; Beck et al., 1990）。雖然，很少有研究用來評估認知治療在處理這些異常的成效，不過現有研究顯示，Beck 的「認知治療」仍是一種相當有前景的方法（Chambless & Gillis, 1993; Wilson & Fairburn, 1993）。

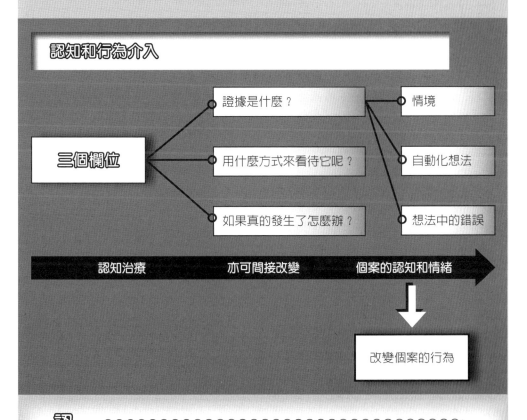

認知和行為介入

三個欄位 — 證據是什麼？ — 情境
用什麼方式來看待它呢？ — 自動化想法
如果真的發生了怎麼辦？ — 想法中的錯誤

認知治療 → 亦可間接改變 → 個案的認知和情緒

改變個案的行為

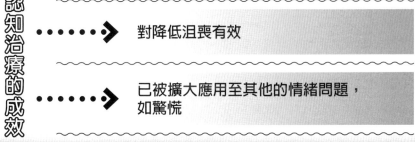

認知治療的成效

● ● ● ● ● ▶ 對降低沮喪有效

● ● ● ● ● ▶ 已被擴大應用至其他的情緒問題，如驚慌

UNIT **7-9**
壓力免疫訓練

一、涵義

在日常生活中，人們會面臨許多壓力的情境，從親人死亡或失業等嚴重事件至約會遲到等日常小事。我們常無法控制這些環境事件的發生，但我們卻可學習認知能力來協助我們應付或調適這些事件的發生。一旦我們無法因應它們，就可能會感到焦慮、生氣、沮喪或甚至自殺。通常，接受焦慮、生氣或沮喪異常治療的人，都是缺乏因應壓力的認知能力。

Meichenbaum 曾發展一種治療程序稱為「壓力免疫訓練」，來教導個案認知能力，協助他們因應自己所體驗的壓力事件（Meichenbaum & Cameron, 1983; Meichenbaum & Deffenbacher, 1988）。

二、訓練過程

免疫指運用此一程序，可使個體自己免於疾病。壓力免疫訓練是設計來提供個體自我防衛的能力，可在面臨壓力時應用。此種治療形式教導因應能力，並讓個案經由三個階段來練習這些因應能力。第一個階段稱為「概念化」。在此階段，個案探討其過去的壓力經驗，來學習壓力的本質及其因應的方式。此種討論可採個別或團體方式來實施。他們會考慮此類問題：(1) 你在何種特定的環境下，會體驗到壓力？(2) 在過去你採用何種方法來降低壓力，你相信可用何種方法來替代？(3) 造成問題更糟或更好的

是什麼？此外，他們也會試著確定問題行為的前提事件，進行功能性分析。

第二個階段稱為「能力獲得與演練」。在此階段，個案將學習特定行為和認知因應能力，如放鬆、系統減敏感、自我陳述及因應陳述。至於其他能力可能繫於個體的問題和個人的環境。因而，個案可學習溝通和研究能力等，同時在治療者的監督下練習新學習到的能力。

第三個階段稱為「應用」。在此階段中，「壓力免疫訓練」協助個案將新學習到的能力轉銜至自然環境中。為達成此目標，個案要回應依序放入治療情境中引發壓力的事件。治療者應致力使用不同事件，來提高能力類化到各種真實的情境。

三、壓力免疫訓練的成效

「壓力免疫訓練法」包括許多已建立良好的技巧，如放鬆訓練、系統減敏感和模仿等。多數有關壓力免疫訓練成效的研究，是針對具焦慮或壓力問題的個案（Meichenbaum & Deffenbacher, 1988）。這些研究發現壓力免疫訓練在降低焦慮和壓力上，比非全面性方案（如僅用系統減敏感或認知因應能力來訓練個案）有效。Nomellini 和 Katz（1983）與 Novaco（1977）的研究則指出，壓力免疫訓練已成功地用來協助警察和父母控制其脾氣。雖然，壓力免疫訓練對於情緒困難是一種非常具有前景的認知行為治療，不過仍須進一步確定其價值。

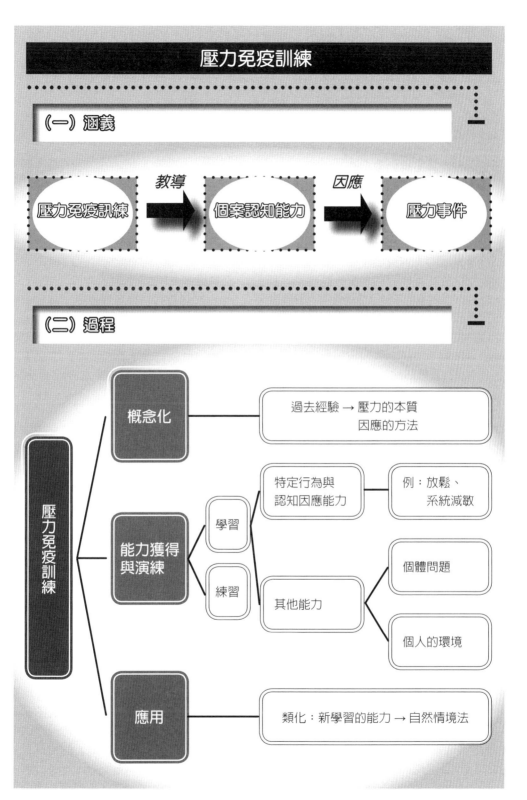

UNIT **7-10**
問題解決訓練

圖解行為改變技術

132

一、涵義

另外一種提供適應性認知能力的方法，是設計來協助個案解決問題。所謂「問題」乃是生活環境中，由於個體不知道做什麼或者是如何做，而需提供一種或多種有效且適應的反應。

一般而言，凡不知道如何解決多數日常問題的人，可能會變得極端焦慮、感到挫折和沮喪。問題解決訓練是一種認知行為治療的形式，讓個案學習確定、發現有效或適應的方法，來探討日常生活中所面臨問題。這種形式的治療，可用來降低或消除個案的情緒異常或增進其適應社會的功能。

二、訓練過程

有兩個廣泛用來提供問題解決訓練的治療方法，每種方法都是教導個案以逐步的策略來解決問題。以下要介紹 Thomas D'Zurilla 和 Marvin Goldfried 所發展出來的「問題解決訓練法」，教導下列五項解決問題的步驟：

1. 問題定位

個體發展出警覺問題產生的一般心像。為有效處理問題，我們首先須瞭解它的存在。開始時，我們可鼓勵個案注意問題與協助他們瞭解問題是不可避免的。

2. 界定和形成問題

採用具體且清晰的術語來界定問題，這個歷程與行為改變方案之界定目標行為相同。

3. 產生不同的解決方法

一旦清晰界定行為後，個案應運用腦力激盪列出可能的解決方法。

4. 做決定

個案檢視可能解決方法的清單，同時刪除不可接受的解決方法。然後個案試著對自己評估每種方法的長短期行為後果。運用這些因素，他將可以選擇最佳解決問題的方法。在治療初期，個案和治療者應該一起做決定；爾後，個案變得更能夠自己做決定。

5. 實施解決方案和驗證

當解決方法發揮效果時，個案可試著評估成效。如果問題已獲得解決，就結束了。如果問題仍存在，那麼個案可從現有解決方法中選擇其他的方法。有時甚至需要回到步驟一或二。

三、問題解決訓練的成效

運用問題解決訓練的原理來改進個案日常生活情境上的功能與降低其情緒問題，是具吸引力的。D'Zurilla（1988）指出問題解決訓練對沮喪和焦慮的個案，以及一般運作功能有困難的個案可產生有利的效果。有些研究指出問題解決上所獲得的改進，可遷移到自然環境且具持久性；不過，有些研究顯示這些效果有時是變異的，且不具持久性。

事實上，每個個案的問題都有不同的層面或範圍。因此，在處理上僅設計一種特定技巧可能是不夠的，最有效的方法是採取多種技巧。

Arnold Lazarus（1981）曾介紹「多模式治療法」（multimodal therapy）的觀念，認為治療者應確定個案問題的某層面或部分，然後每個層面選擇適當的技巧。運用「多模式治療法」的治療者，會考慮個案問題的幾個層面：(1) 行為，如飲食過量；(2) 情意，如嚴重焦慮或沮

喪；(3) 認知，如不合理的思考；(4) 人際關係，如敵意行為。治療者接著處理個案特定的行為。

我們都會相信行為改變方案，若採取個別有效的綜合處理法，會比單一方法產生更大改進。雖然有許多實例支持此一信念，但也有例子不贊同。例如：有許多研究就發現在處理情緒問題上，若組合認知方法和行為學習論的方法並不全然可增進治療成效。

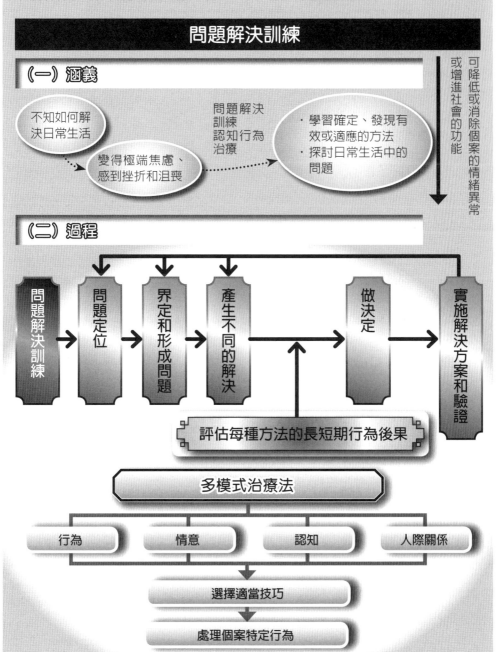

問題解決訓練

（一）涵義

不知如何解決日常生活

變得極端焦慮、感到挫折和沮喪

問題解決訓練認知行為治療

· 學習確定、發現有效或適應的方法
· 探討日常生活中的問題

可降低或消除個案的情緒異常或增進社會的功能

（二）過程

問題解決訓練 → 問題定位 → 界定和形成問題 → 產生不同的解決 → 做決定 → 實施解決方案和驗證

評估每種方法的長短期行為後果

多模式治療法

行為　情意　認知　人際關係

選擇適當技巧

處理個案特定行為

UNIT 7-11
模仿（示範）訓練──基礎與階段

圖解行為改變技術

在我們日常生活中，經由觀察他人的行為而學習是種普遍的方式。我們透過觀察而學習語言、態度和偏好與無數的技能等。我們的許多習慣（如口語表達與肢體語言）都是從我們所認同的楷模（如父母、偶像、老師）所學習來的。

模仿在心理和生理異常的發展及維持上扮演著重要的角色。

一、模仿的基礎

模仿的基本要素非常簡單；「楷模」（model）示範一些行為，而觀察者（observer）注意看楷模在做什麼。楷模在當場鮮活地呈現就是「現場楷模」（live model）；若間接觀察楷模則稱為「象徵性楷模」（symbolic model），象徵性楷模可在電視、書中、經口語描述或個人想像的。

觀察楷模提供了兩個重要訊息：(1) 楷模在做什麼；(2) 楷模的行動為他帶來什麼行為後果。楷模行動的行為後果是非常重要的，即所謂的「替代性行為結果」，因為它指出觀察者若模仿楷模的行為可能會遭遇的結果。當楷模的行為後果增強觀察者想要模仿的可能性時，稱為「替代性增強」（vicarious reinforcement）。當楷模的行為後果降低觀察者想要模仿的可能性時，稱為「替代性懲罰」（vicarious punishment）。

二、模仿的階段

觀察學習是人們經由觀察他人行為而受影響的一種過程。這個過程包含三個循序階段。第一個階段是「呈現」，即觀察楷模的行為；第二個階段為「習得」，即學習楷模的行為，習得需要觀察者注意與記住楷模的行為；第三個階段為「接受」，也就是接受楷模的行為作為自己行動的指引。

至於接受有四種形式，包括模仿和反向模仿，而每種模仿又可分為特定及一般的。模仿就是表現得像楷模一樣，「反向模仿」就是表現相反的方式。在「特定模仿」中，觀察者從事與楷模一樣的行為；而在「特定反向模仿」中，觀察者表現出與楷模完全相反的行為。在「一般模仿」中，觀察者表現出與楷模類似的行為（並非一模一樣）；而在「一般反向模仿」中，觀察者表現出與楷模不同的行為（並非與楷模行為直接相反）。不接受是指觀察者不受楷模的影響。

模仿對觀察者的影響方面，呈現和習得是必須的，但不是充分的條件。觀察者必須接受楷模的行為以作為自己行為的指引。至於觀察學習中，接受形式大半是由替代性結果所決定的，替代性增強最有可能產生模仿；替代性懲罰最有可能產生反向模仿。

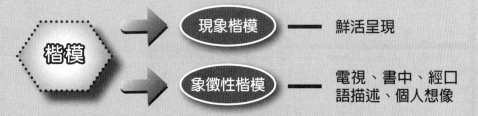

模仿的基礎

楷模 → 現象楷模 —— 鮮活呈現

楷模 → 象徵性楷模 —— 電視、書中、經口語描述、個人想像

楷模在做什麼

楷模的行為為他帶來什麼行為後果？

替代性行為結果 ⟨ ＋ 替代性增強
　　　　　　　　 － 替代性懲罰

（觀察者）

（楷模）

模仿的階段 ▷ 階段 1: 呈現 ▷ 階段 2: 習得 ▷ 階段 3: 接受

接受的形式

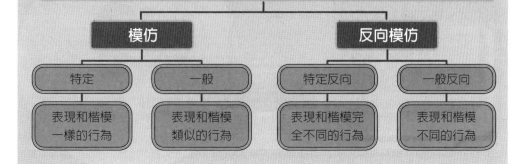

模仿		反向模仿	
特定	一般	特定反向	一般反向
表現和楷模一樣的行為	表現和楷模類似的行為	表現和楷模完全不同的行為	表現和楷模不同的行為

UNIT **7-12**
模仿（示範）訓練——本質和運用

一、模仿矯正的本質

模仿矯正是建立在個案可從別人的經驗中獲益的原理上。模仿矯正運用了各種模仿程序，常會與其他行為改變技術組合在一起，如增強、促進及行為塑造等。雖然模仿矯正可能只是整套矯正行為過程中的一部分，但是單獨應用也是有效的。模仿矯正主要用於兩大範圍：

1. 技巧訓練

技巧不足通常會造成個體困擾。為了表現某種技巧，個體需具備四項要件：(1) 瞭解做法；(2) 熟練技巧；(3) 具運用該項技巧的動機；(4) 瞭解運用該項技巧的動機。技巧訓練是一種套裝的矯正法，用來協助個體克服技巧上的不足。除示範外，技巧訓練通常會伴隨著直接指示、激勵、行為塑造、增強、角色扮演及適當回饋等。示範通常是技巧訓練的主要成分，因為口頭指示常無法傳達執行複雜技巧的巧妙之處，而單用鼓勵與行為塑造可能也不夠，個體可能要看到該項行為的實施。

2. 社會技巧訓練

社會技巧是成功人際互動所不可或缺的。缺乏社會技巧與一生中的適應問題有極大的關聯。Frame 和 Matson（1987）曾指出兒童和青少年時期的社會技巧不足與社會孤立、學業成就低落及犯罪有關；而成人時期的社會技巧不足則與沮喪、社會焦慮及精神分裂症有關。因此，許多接受心理治療的個案缺乏社會技巧也就不足為奇了。

對社會互動性低的兒童來說，影片模仿是有效的。Ballard 和 Crooks（1984）曾針對學前社會互動性低的兒童，運用影片模仿來提高其社會互動。結果發現觀看影片一或二次就足以增進兒童的社會互動，且可維持一段時間。

另外，社會技巧不足也與一些嚴重的障礙有關。例如：自閉症和智能障礙等，可能就需要現場模仿與密集的個別矯正。有項研究曾以無任何障礙的哥哥作為有智障、腦性麻痺等障礙之弟弟的楷模。當兄弟倆一起玩時，行為矯正者告訴哥哥如何開始互動、即時反應、促進弟弟做出適當的反應。最後，這兩兄弟不需行為矯正者的協助，就能維持良好的互動。

模仿別人的能力本身就是一種社會技巧，又稱一般模仿。經由模仿我們可以習得其他行為。對多數正常發展中的兒童來說，當他在模仿成人或同儕行為時，給予增強常可以習得一般模仿。不過仍有些兒童未能學會模仿。

二、運用模仿技巧來降低恐懼

恐懼或焦慮可能是因預期負面結果或社會技巧不足所導致的。若是如此，運用模仿技巧可改善這兩種情況。例如：楷模可以示範一個令人恐懼或焦慮的行為，但卻未遭受到不好的行為後果，這種過程稱為「替代性消弱」。

多數的行為矯正均是模仿楷模的過程。也就是說，模仿楷模從一個恐懼或焦慮不能勝任的狀況下，逐漸能成功地克服恐懼或焦慮。模仿楷模對恐懼或焦慮自己不能勝任的個案是很合適的。相反地，精熟楷模是指一個自始即毫不恐懼且很能勝任的專家。精熟楷模較適於精確技巧的發展，例如婦女學習防禦性攻擊的防身術。模仿技巧運用的方法如下：

1. 現場模仿法

即楷模以身置實境的方式，讓個案藉以減低其恐懼或焦慮。這種方法已被廣泛用來克服各種恐懼及與焦慮有關的異常，包括各種害怕（如小動物）、考試焦慮、懼人群症及強迫症等。

2. 參與模仿法

是指矯正者為個案示範會引發焦慮行為，然後鼓勵並指導個案參與演練。參與模仿即「接觸減敏感法」，也稱為「引導參與法」。它結合了模仿、鼓勵、行為演練及身置實境等方式，其基本流程如下：(1) 矯正者首先示範會引發焦慮的行為給個案看；(2) 要求個案模仿矯正者，而矯正者透過肢體鼓勵和協助個案完成動作，矯正者和個案間的關係再次建立，並安撫個案；(3) 矯正者逐漸減少協助。個案開始在矯正者僅在場，卻不協助的情況下演練 (這種支持最後也會取消)；(4) 矯正者示範的行為是進階的 (由最輕度至最嚴重的恐懼或焦慮行為)。

參與模仿法已被用於矯正懼牙醫症、說話緊張、迴避洗澡及空曠恐懼症等。這種方法可能是因組合了模仿及行為演練，較影帶模仿和現場模仿來得有效。

3. 影片模仿法

Barbara Melamed 曾率先利用影片模仿法來進行實驗，他製作了一部示範影片（片名為伊森的手術）用以降低兒童對住院治療和醫療程序的焦慮。結果顯示觀看過示範影片的兒童在手術後顯出較少焦慮，問題亦較少。相關的研究效果也相當顯著。

4. 其他象徵模仿法

雖然影片和影帶模仿是象徵模仿法用來矯正恐懼或焦慮的主要模式，但在某些時候也會使用其他的象徵模仿法。例如：一部描寫無尾熊去看病的布偶戲跟影片的效果相同或民間故事的應用。

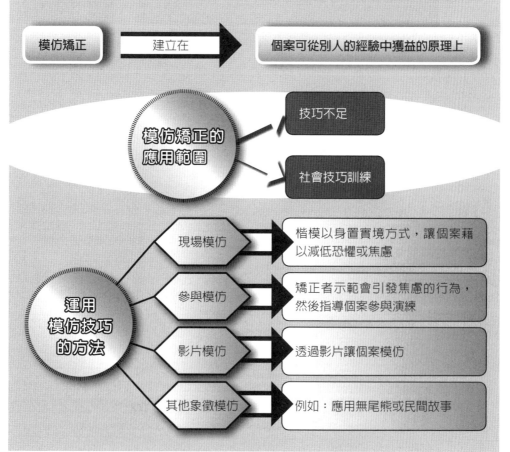

第 **8** 章

功能性評量與
正向行為介入與
支持計畫

●●●●●●●●●●●●●●●●●● 章節體系架構 ▼

UNIT **8-1**
功能性評量的涵義與實施理由

在許多情境上，問題行為不僅是危險的，且似乎是無法理解的。良好「功能性評量」（functional assessment）的目標之一，就是清楚地瞭解問題行為的來源。由於我們大都是針對評量標記（如自閉症、智能障礙等）或問題行為的簡單形式（打人、踢人等），所以很少能達到良好功能性評量的目標。

不過，現在我們瞭解到所有行為絕非是無的放矢的，只要仔細探究，就可能會發現每種行為，不管好壞，對個人來說都有其存在價值和功能（施顯烃，1995）。Iwata 等人（1990）曾舉出運用功能性評量的優點：(1) 它可提供行為改變處理計畫更正確的資料；(2) 它可發展出一套系統化的行為處置計畫；(3) 它有助產生更完整的行為處置計畫。因此，有愈來愈多的行為改變者致力透過系統的評量和瞭解問題行為發生情境，及維持這些行為的行為後果，來達到這項要求。

一、功能性評量的涵義

功能性評量是一種蒐集行為資料，並分析其行為功能的過程。它的目的是要經由有效蒐集資料與分析，來增進行為支持或介入的效果和效率（Horner & Carr, 1996; O'Neill et al., 1997）。細言之，我們若能達成下列五項主要結果，就表示已完成功能性評量：

1. 清晰的描述問題行為，包括問題行為經常發生的順序或類別。
2. 確定事件、時間及情境，來預測問題行為在日常各種範圍發生或未發生的情形。
3. 確定維持問題行為的行為後果。
4. 提出一種以上的假設或陳述，描述特定行為、情境及維持情境的結果增強物。
5. 蒐集支持假設的直接觀察資料。

二、實施功能性評量的理由

實施「功能性評量」有兩項核心理由。第一項理由是在建立有效的行為支持上，問題行為發生的時間、地點及原因是相當具有價值的。如果所發展的行為介入策略沒有實施功能性評量，可能導致行為更惡化。

第二項理由為「針對嚴重問題行為實施功能性評量是一種專業性標準」。「美國行為分析協會」曾指出：「所有接受行為介入的個案應擁有接受專業性功能性評量的權利」（Van Houten et al., 1988）。另外，「全美健康機構」（National Institutes of Health, NIH）也通過一項執行危險性和破壞性行為的決議（NIH Consensus Report, 1989），強烈要求實施功能性評量的程序。

目　標

瞭解問題行為的來源

優　點

1. 提供行為改變處理計畫更正確的資料。
2. 發展出一套系統化行為處置計畫。
3. 有助產生更完整的行為處置計畫。

功能性評量

涵　義

經由有效蒐集資料與分析，來增進行為支持或介入的效果和效率。

實施理由

1. 在建立有效的行為支持上，問題行為發生的時間、地點及原因是相當有價值的。
2. 所有接受行為介入的個案應擁有接受專業性功能性評量的權利。

UNIT **8-2**
功能性評量的實施方法

一、詢問法

實施功能性評量的首要策略，就是與個案或瞭解個案者直接接觸和交談。個案本身可能有條件提供問題行為發生的有關資訊，或從相關他人尋求此類資訊（如父母、教師）。面談與其他詢問方法（問卷和評定量表），在界定和縮小變項範圍上是很有用的。目前國外使用普遍的是由 Durand 和 Crimmins（1988）所發展出的「動機評量表」（Motivation Assessment Scale, MAS）和 O'Neill、Horner、Albin、Sprague、Storey 及 Newton（1997）所提出的「功能性評量面談表」（Functional Assessment Interview, FAI）。其中 MAS 可分析四種行為功能，包括要求物品或活動、尋求自我刺激、獲得注意及尋求逃避。

任何面談的目標在確定哪些環境中，事件與個人特定的問題行為有關。面談時，我們應考量個人所表現的日常例行事件。如果是針對學校中的兒童，那麼班級中的例行事件是什麼？兒童進教室的情形？課間和午餐時發生哪些事情？運用面談問題來瞭解兒童在顯著例行事件中的特徵。而這些特徵產生什麼改變，似乎與問題行為的增加或降低有關。相同情境、評量及問題行為形式下的兩個個案，可能會有極不同的特徵。

良好功能性評量要項之一，就是將問題行為置於環境條件中。而行為改變者也指出我們總是在談論環境條件中所發生的行為，而非個人。如果我們視問題行為發生於個人，就會試著改變個人；同樣的，如果我們認為問題行為發生於環境條件中，就會試著改變環境條件來改變行為。事實上，「功能性評量」是一種瞭解與問題行為有關環境條件（前提事件和行為後果）的過程。而詢問法則是確認與個體問題行為有關之環境條件、重要特徵的一種有價值的工具。

二、直接觀察

指在日常生活中，系統性觀察問題行為者。長久以來，有系統的直接觀察已是行為應用程序的基礎。這種蒐集行為資料的方法，常由教師或父母負責直接觀察工作。常見的是 A-B-C 行為分析法與 O'Neill 等人（1997）所發展的「功能性評量觀察表」（Functional Assessment Observation, FAO）。

在多數個案中，觀察者直接記錄問題行為所發生的時間、前提事件、行為後果，及他們對此一實例中行為功能的看法。直接觀察法是直接獲得行為資料的有效方法，但往往需花費大量時間來蒐集和分析行為資料。

三、功能性分析

第三項用來蒐集功能性評量行為資料的策略，就是系統化實驗操弄與問題行為有關或無關的特定變項，以找出行為所代表的真正功能。實施時，要系統地監督和操弄環境中的行為。有一種常使用的功能性分析法，就是操弄目標行為發生之行為後果；另一種方法是操弄結構性變項，如任務難度、任務長度、及活動中所提供的注意事項等。

在功能性評量方面，功能性分析法是一種最精確且嚴謹的方法。這種方法的優點是可直接操弄變項來驗證假設。不過，由於行為與環境間的關係複雜，有時並不易明確認定維持行為的功能。另外，它的實施難度高，須受過訓練的人才能進行，往往會造成推廣問題。

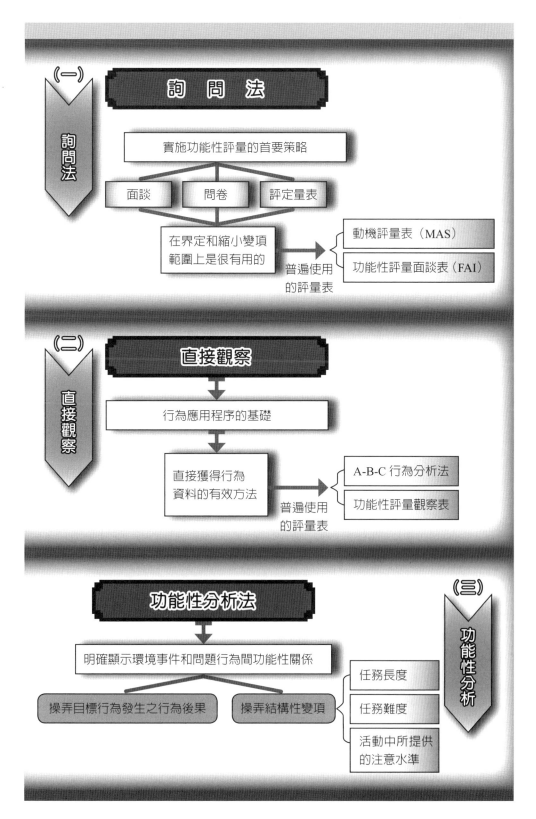

（一）

詢問法

詢 問 法

實施功能性評量的首要策略

面談　問卷　評定量表

在界定和縮小變項範圍上是很有用的

普遍使用的評量表

動機評量表（MAS）

功能性評量面談表（FAI）

（二）

直接觀察

直接觀察

行為應用程序的基礎

直接獲得行為資料的有效方法

普遍使用的評量表

A-B-C 行為分析法

功能性評量觀察表

（三）

功能性分析

功能性分析法

明確顯示環境事件和問題行為間功能性關係

操弄目標行為發生之行為後果

操弄結構性變項

任務長度

任務難度

活動中所提供的注意水準

UNIT 8-3
問題行為的功能形式、內涵與策略

目前已有學者確認問題行為的某些功能形式，包括：

一、社會正增強

他人注意而維持的問題行為。可設計運用注意的處遇，來針對個人未表現問題行為（DRO）或表現與問題行為相對立的行為（DRI），目的在消除不適當行為。另一種做法是讓行為在更適當情況下發生，然後在可接受情況下降低問題行為。

二、內在感覺性正增強

問題行為受到自我刺激的維持（如按摩頭皮會產生令人舒服的刺痛感覺）。如果刻板化或自傷行為受到感覺性增強所維持，則可充實環境來降低個人的感覺性刺激行為。另外，改正產生感覺性後果的行為來消弱自我刺激行為，也可能是有效的。

三、外在感覺性正增強

問題行為是受到環境行為後果所維持的（如愛扔玩具的小孩，可能很喜歡玩具掉到地上的巨大聲響）。如果成因分析顯示問題行為是受到外在感覺性增強所維持，則處遇應包括感覺性增強受歡迎的替代性行為。

四、社會性負增強

問題行為受到逃脫要求所維持（如強光下的眨眼或掩耳來躲避大聲，逃脫厭惡刺激也可以造成問題行為）。排除此種過度行為的逃避功能，就可降低問題行為。另外，對語言障礙者可教導他們其他的溝通方法（如輕敲手指或舉手）。同時，還可依難易層次來設計欲要求的行為。

五、反應者

引發出來的問題行為（如攻擊會被個體討厭或嫌惡的刺激所引出）。如果問題行為呈現是被引發出來的話，則處遇可包括建立一種或多種行為反應來與它對抗。也就是說，我們可先觀察並做功能性分析，找出引發該問題行為的前提事件及原因，運用其他刺激來改變因特定刺激所產生的問題行為。

六、醫學成因

不能說話的個體，可能會以撞頭來降低內在來源的痛苦，例如：中耳炎（負增強）。問題行為若具有醫學成因，則在處理問題行為前應諮詢醫生。這並不是說行為技巧是無效的，其實它們常可發揮作用。例如：處理過動行為最好結合行為療法與醫學。

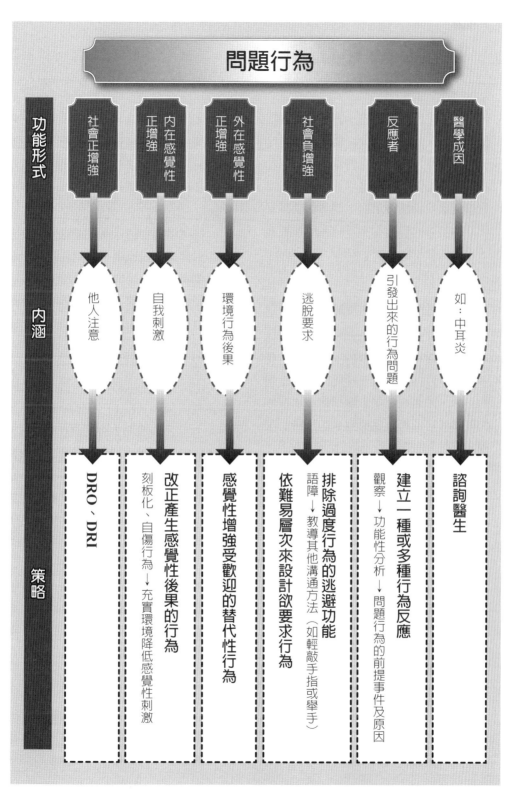

問題行為

功能形式	社會正增強	內在感覺性正增強	外在感覺性正增強	社會負增強	反應者	醫學成因
內涵	他人注意	自我刺激	環境行為後果	逃脫要求	引發出來的行為問題	如：中耳炎
策略	DRO、DRI	改正產生感覺性後果的行為 刻板化、自傷行為→充實環境降低感覺性刺激	感覺性增強受歡迎的替代性行為	依難易層次來設計欲求行為 排除過度行為的逃避功能 語障→教導其他溝通方法（如輕敲手指或舉手）	建立一種或多種行為反應 觀察→功能性分析→問題行為的前提事件及原因	諮詢醫生

UNIT 8-4
功能性評量策略——面談表

通常，我們先開始詢問、然後直接觀察行為、最後再完成系統化的功能性分析。在許多日常生活情境上，詢問和系統化直接觀察已成為描述不適當行為與確認維持行為後果的主要方法。以下將介紹 O'Neill 等人（1997）所發展的「功能性評量面談表」（The Functional Assessment Interview, FAI）。

一、詢問對象、時間及結果

個體行為是非常複雜的。研究人員、老師及家庭在個人學習史上，可確認許多影響其行為的事情。功能性評量面談的目的，主要在蒐集影響問題行為事件的有關資料，而行為改變者的任務就在縮小這些事件的範圍。就技術層面來看，功能性評量面談並不是一種嚴謹的功能性分析。不過，面談卻有助確認這些變項（情境、事件及活動），成為直接觀察或系統性實驗操弄的對象。以下是「功能性評量」面談對象、時間及結果的描述：

1. 面談對象

包括教師、提供支持人員、父母、家庭成員或瞭解個體的其他相關人員，以及對行為表示關心的人。為了獲得某些個體的資訊，先與教師、父母及提供支持人員交談是最具有意義的。

2. 時間

針對複雜行為，功能性評量面談約花費 45 至 90 分鐘。事實上，所需花費的時間往往視面談對象而有所不同。運用功能性評量面談表會有助面談更具效率，且針對焦點問題。

3. 結果

描述所關心的行為；確認一般和立即的生理與環境因素，來預測問題行為的發生與否；確認問題行為的潛在性功能；發展結論式陳述，描述情境、行為及其功能之間的關係。

二、功能性評量面談表的運用

O'Neill 等人（1997）所提出的功能性評量面談表（FAI）可分為十一項類別：(1) 行為描述；(2) 界定潛在的生態、情境事件；(3) 界定問題行為發生或未發生的立即前提事件；(4) 確認維持不適當行為的行為後果；(5) 界定不受歡迎行為的效能；(6) 個體已知道何種功能性替代行為；(7) 個人與他人溝通的主要方法；(8) 應該做或應該避免的事；(9) 個人喜歡哪些對其具強化作用的事情；(10) 瞭解不受歡迎行為、已嘗試用來降低行為的方案及其效果為何；(11) 針對每一項行為後果，發展結論性的陳述。

三、發展結論性陳述

面談的最終結果是要將面談資料統整為對問題行為的結論性陳述，這些結論性陳述對其他評量活動和發展行為支

持計畫是很重要的。至於結論性陳述的要素有三：(1) 情境：發生問題行為的立即前提事件；(2) 正在發生的行為；(3) 行為的功能或行為所產生的強化結果。它統合所蒐集的行為、前提事件及維持行為之行為後果的資料。我們應試著發展下列結論性陳述：

1. 擔負特定功能的每項行為。

2. 每種行為發生的特定情境形式。例如：我們可能會有兩項個人自傷行為（如撞頭、咬手）的結論性陳述。一是處理小組教學活動中所發生的行為；另一是處理坐車到學校中所發生的行為。這樣做的目的，是為確保我們正在處理不同的行為功能。

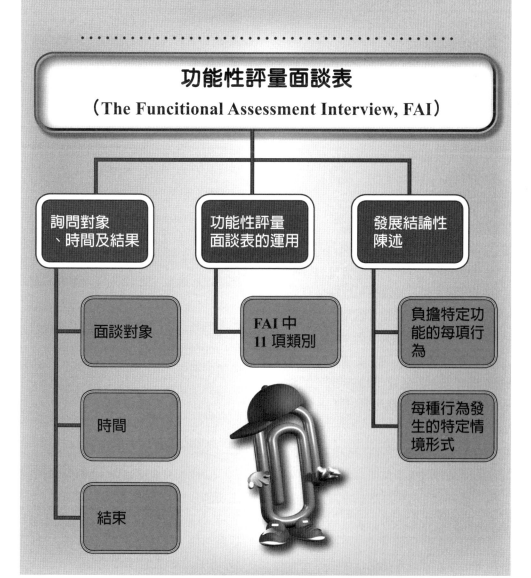

功能性評量面談表
（The Funcitional Assessment Interview, FAI）

詢問對象、時間及結果

功能性評量面談表的運用

發展結論性陳述

面談對象

FAI 中 11 項類別

負擔特定功能的每項行為

時間

每種行為發生的特定情境形式

結束

UNIT 8-5
功能性評量策略——直接觀察表

當運用詢問法無法提供有用資料時，直接觀察資料就可作為結論性陳述或假設的基礎，來引導發展行為支持計畫。下面要介紹功能性評量觀察表（FAO）及其步驟，可用來獲得全面性資料，無須進行冗長摘要。這種表格也適用多次監督行為。

一、觀察者、觀察時機和地點及長度

1. 觀察者

直接接觸問題行為者應該負責蒐集觀察資料，例如：老師、父母及家庭成員等。

2. 觀察時機和地點

使用表格來蒐集個人在特定情境內不同時間的資料。這些資料對確認問題行為發生與否的時機和地點是有幫助的。此外，FAO 表格亦適用監督出現次數較低的行為（每天少於 20）。惟問題行為發生次數很高時，此種表格就需修改。除非要試著記錄一天中的每一事件，否則應採用時間取樣法。

3. 觀察長度

理想上，觀察者應持續蒐集資料直到行為和環境事件間的關係已清晰呈現。基本上，目標行為至少需發生十五至二十次，至少蒐集二至五天資料。惟蒐集的時間長度會受到行為發生次數的影響。至於資料蒐集是否需超越先前的二至五天，取決於行為－環境關係的一致性和清晰性。

二、功能性評量觀察表格的做法

FAO 記錄指標事件和與問題行為有關的行為後果。這種表格是繞著問題行為事件而組成。事件與單一問題行為的發生並不同，事件包括所有問題行為。因此，一個問題行為事件是：(1) 一件單一簡短的尖叫；(2) 持續 5 分鐘的尖叫；(3) 持續 10 分鐘，但包含幾項問題行為，而每項行為表現的時間是多重的。計算事件比計算問題行為的正確次數或持久性，更正確容易且具資料性。

FAO 顯示問題行為事件的次數；(1) 發生在一起的問題行為；(2) 最可能或最不可能發生問題行為事件的時間；(3) 預測問題行為事件的事件；(4) 有關問題行為維持功能的看法；及 (5) 伴隨問題行為而來的真正行為後果。組合上述資料對驗證和澄清結論性陳述是有幫助的。在多數案例中，我們發現運用 FAO 所獲得的資料，可提供足夠資料，發展行為支持計畫。

三、功能性評量觀察表格的內容

功能性評量觀察表（FAO）有八項主要部分：(1) 鑑定 / 日期；(2) 時距；(3) 行為；(4) 前提或情境事件；(5) 感受的行為功能；(6) 真正的行為後果；(7) 評論 / 備註；(8) 記錄事件和日期。

功能性評量策略——直接觀察表

功能性評量觀察表（FAO）

1. 觀察者：直接觀察者，老師、父母、家庭成員等。

2. 觀察時機和地點：特定情境內不同時間，時間取樣法。

3. 觀察長度：持續性，至行為和環境／事件間的關係清晰呈現。目標行為至少需發生 15-20 次，至少蒐集 2-5 天。

作法：記錄指標事件和與問題行為有關的行為後果，顯示問題行為事件的次數。

八項內容：

1. 鑑定／日期。
2. 時距。
3. 行為。
4. 前提或情境事件。
5. 感受的行為功能。
6. 真正的行為後果。
7. 評論／備註。
8. 記錄事件和日期。

UNIT **8-6**
功能性評量策略──功能性分析及其實施原則

　　就多數功能性評量來說，運用面談和直接觀察就可形成結論性陳述，確認問題行為指標和維持其功能之行為後果。無論如何，如果運用面談和直接觀察無法達到此項目標，下一步策略就是實施系統性的功能性分析實驗操作。

　　功能性分析是設計來測試與問題行為最具強烈關聯的假設性變項或事件。例如：從結論性陳述可知，提供困難任務時，學生最可能表現出尖叫和攻擊他人的行為，同時相信問題行為是受逃避困難任務所維持。那麼，我們就可先提供學生 10 分鐘容易的任務，休息一下，再給予 10 分鐘困難任務，然後容易任務，緊接著是困難任務，來測試結論性陳述的要素。

　　唯有適當探討各項考慮後，我們才可實施下述功能性分析操作形式：

1. 確認操作時被評估的特定變項
　　除非先前的診斷活動已形成提供特定評估情境和變項的資料或結論性陳述，否則就不應進行功能性分析實驗操作。

2. 決定可能的危險水準
　　實驗前，我們需決定具潛在危險的水準，如自傷或攻擊行為。

3. 確保控制了相關變項
　　實驗操作僅有在你能控制相關情境和變項時（如讓個人獨處或前往特別情境），才可進行。不過也有難以控制的情境，如與生理有關的問題行為。對此類個案，詳細觀察問題行為和生理症狀或情境間的關係是很好的策略。

4. 獲得適當的評論
　　通告相關人員，包括教師、父母、行政人員，並收到同意函。這是避免潛在問題的一種最適當策略。

5. 擁有足夠的人員維持安全
　　有足夠的人員以確保實驗中每個人的安全。

6. 需要的話，決定結束觀察活動的特定標準
　　觀察前，建立結束觀察的標準是很重要的。我們須決定何種行為出現的次數或密度，就應該停止活動以維持安全。同時也需有降低行為的策略。

7. 考量保護性設備的應用
　　如頭盔、手套、厚長袖。惟需瞭解設備本身也可能會影響到行為表現的次數。

8. 考量使用先兆行為作為結束觀察的訊號
　　維持安全的策略之一就是要確認可靠的先兆行為，即個人在危險行為前，可能會出現的行為。例如：個人出現攻擊行為之前，會表現出激動的訊號（如翻滾、重擊桌面）。一旦發生這種情形，在引發危險行為前，就應結束活動。

9. 執行適當的蒐集資料和設計程序
　　為由分析中獲得有用的資料，我們必須針對所關心的行為蒐集資料。這些

可能需要錄影帶或指定個人觀察和蒐集資料。此外，運用適當的設計 (如在倒返設計上提出或撤除變項) 來觀察活動亦是重要的，可使我們做出影響變項最為可靠的結論。

10. 修正結論性陳述和發展方案

　　功能性分析過程的結果是證實或修正先前的結論性陳述。事實上，蒐集資料本身並不是結束。唯有運用資料來發展提高適當行為和降低問題行為的策略，這樣資料才有價值。

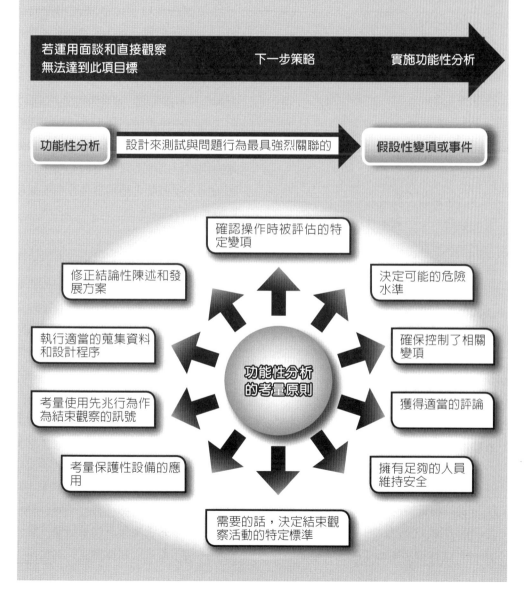

UNIT **8-7**
功能性評量策略——
功能性分析實施應考量的課題

雖然功能性分析可用於學校或社區情境，不過最常用於研究。實施功能性分析程序之前，我們應考量下列課題：

一、實施時機

通常功能性分析僅在使用詢問法和直接觀察法所蒐集的資料不太明確時，才考慮。

二、參與人員

基本上，功能性分析是一團隊努力，由有經驗者來引導整個過程。如果小組內沒這類專家，就需尋求具這方面技能者的協助。至於其他參與人數則繫於潛在的安全考量。由於功能性分析可能會涉及嚴重問題行為的發生，需若干人來維持安全與適當控制潛在的困難情境。例如：個人可能會表現自傷行為（如撞頭），而需足夠的人提供保護。除非有適當保護措施，否則就不應實施功能性分析實驗操作。

三、實施功能性分析的過程

1. 基本方法

功能性分析的基本過程包括提出不同環境事件或情境，及觀察它們對個人行為的影響情形。在文獻上已有兩種不同的方法（Iwata, Vollmer, & Zarcone, 1990）：(1) 操弄結構或前提的事件：包括提出特別的要求或教學、要求個人參加某活動、在特別情境實施互動、或讓個人單獨。進行這些活動是為測試有關可能預測行為發生之變項或事件的假設；(2) 操弄問題行為的行為後果（針對特定的問題行為，安排不同的情境和特定的行為後果）。例如：大人在做事時，告訴小孩單獨遊戲。如果開始產生尖叫，大人可提供短暫注意（不要尖叫，現在是遊戲的時間），然後繼續工作。如果傳遞特別的行為後果時，看到高頻率的問題行為，我們就可指出這些行為後果可能維持著行為。

2. 決定評估的行為

依面談和直接觀察結果，我們至少對所關切的行為會有一些觀念或假設看法，稱為結論性陳述。例如：(1) 活動很少時，小英會揮舞手指以獲得視覺刺激；(2) 老師接近其他學生時，大德會以吵鬧來引起注意；(3) 小萍看到喜愛的東西，會尖叫，同時跑去抓它。

為直接測試這些結論性陳述，我們建立情境（前提事件或行為後果），期望看到問題行為的增加，然後觀察問題行為，決定是否真正發生期望的效果。同時我們也應建立不期望看到問題行為增加或高頻率的情境作為比較觀察。藉由這些操作，觀察問題行為在不同情境上

的改變，就可決定哪種變項會真正影響到問題行為。

3. 不同功能性分析的設計策略

　　有兩種典型的單一受試實驗設計最常被用來實施功能性分析，就是倒返實驗設計和多元素實驗設計（Iwata, Vollmer, & Zarcone, 1990; Martin & Pear, 1992）。倒返實驗設計包括：(1) 蒐集基準線資料（A）；(2) 實施處理或操弄（B）；(3) 重複這些基準線和處理或操弄情境，來建立問題行為改變水準（依變項）與變項操弄間（自變項）的關係。

　　多元素實驗設計包括在短時間內提出幾種不同情境。例如：提供會導致問題行為發生的困難任務、社會性注意、

及具體東西等情境，配合提供不會導致問題行為發生的控制情境。如此，觀察者就可決定沒提供外在刺激時，問題行為是否發生。這種方法的目的在要求鑑定對問題行為具實質性和一致性效果的變項。基本上，每種情境至少要重複幾次，以瞭解不同情境之間的差異。

4. 處理不夠明確的功能性分析

　　即使重複幾種不同的情境，個體仍沒出現明確形式是可能的。在此類個案上，重要是決定情境是否正確且一致實施。例如：對個人來說，困難任務是否真正困難？我們可修改情境，再次提出，以獲得清晰維持問題行為的前提事件和行為後果。

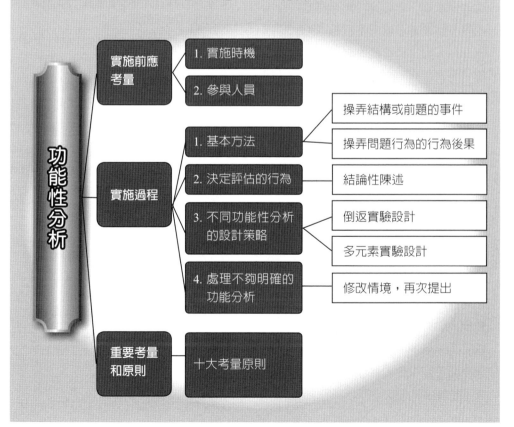

UNIT **8-8**
建立正向行為介入與支持——
考量要素與選擇介入程序

功能性評量的目的,在增進正向行為介入與支持計畫的成效和效能。我們應致力確定蒐集評量資料和發展正向行為介入與支持間的邏輯關係。

一、考量要素

1. 正向行為介入與支持應描述家庭或支持人員改變的情形

正向行為介入與支持是設計來改正問題行為的形式。過程包括在不同情境改變家庭、老師等行為。這些人行為改變可能就會造成個案行為改進。正向行為介入與支持可能尚包括改變物理環境、調整課程、更換酬賞和懲罰物及變換教學方法等。

2. 依功能性評量資料建立正向行為介入與支持

目前已有兩種策略用來改進功能性評量結果與正向行為介入與支持設計之間的連結。第一項策略是在正向行為介入與支持上,列出經功能性評量所獲的結論性陳述。這些陳述可作為正向行為介入與支持的基礎。第二項策略是建立功能性評量結論性陳述模式,並界定改變模式的方法,確保適當行為成功與問題行為相抗衡,正向行為介入與支持不僅要顯示個人應做些什麼,也要顯示個人不應該做些什麼。

3. 正向行為介入與支持應遵循人類行為的原理

人類的行為表現往往會遵循著某些原理,因此任何正向行為介入與支持都應與這些原理相一致。正向行為介入與支持應運用這類原理,來建立支持適當行為和降低問題行為發生的環境。如果正向行為介入與支持要使:(1) 問題行為不發生關聯。(2) 使問題行為無效能。(3) 使問題行為無用武之地。

4. 正向行為介入與支持應配合實施者的能力、資源和價值

正向行為介入與支持的目標並不是要建立一個完美計畫,而是設計一個有效且可實施的計畫。如果我們期望正向行為介入與支持改變家庭或老師的行為,程序就需:(1) 符合自然情境;(2) 與情境個人的價值相一致(他們願意執行此程序);(3) 強調功能性評量結果與執行間的關聯;(4) 配合個人實施此程序的能力;(5) 產生短期的強化結果。

二、選擇介入的程序

對臨床人員來說,實施功能性評量和直接撰寫正向行為介入與支持是相當常見的。不過,有些學者則認為應加入一項介入步驟。這項步驟包括主動協同實施計畫者與競爭性行為模式,來界定有效環境的特性。然後,運用這些特性來選擇組成正向行為介入與支持的特定策略。

| 功能性評量的目的 | → 在增進 | 正向行為介入與支持的效能 |

建立正向行為介入與支持──考量要素

1. 家庭或支持人員改變的情形

2. 依功能評量建立正向行為介入與支持

3. 遵循人類行為的原理

4. 配合實施者能力、資源和價值

正向行為介入與支持要素

要使問題行為不發生關聯	要使問題行為無效能	要使問題行為無用武之地
包括改變物理環境、充實環境及改進活動或環境等	如大叫卻無法產生增強作用	因問題行為有效就會持續表現

UNIT **8-9**
建立正向行為介入與支持——建構等值性行為模式

建構等值性行為模式有三項步驟（Horner, O'Neill, & Flannery,1993）：

一、步驟一：建立功能性評量結論性陳述的圖解說明

為圖解功能性評量結論性陳述，我們應簡列：(1) 情境事件；(2) 前提事件；(3) 問題行為；(4) 維持問題行為的行為後果。例如：經功能性評量，發現呈現困難要求時，大偉會表現發脾氣行為。也就是說，發脾氣行為可能是受到逃避困難要求所維持，且更常發生在前晚睡眠少於 3 小時。因此，大偉的結論性陳述是：當大偉睡眠不足且老師呈現困難要求時，他就會表現出發脾氣行為。

二、步驟二：建立等值性行為

如上所述，我們想要大偉表現的行為是從事這項困難要求。當我們詢問幼兒園老師，大偉完成要求後會發生什麼事情，幼兒園老師說通常會收到口頭讚美、代幣增強和更多要求。另外，我們又詢問幼兒園老師何種等值的行為是適當時，經討論後，幼兒園老師同意大偉要求休息是項可接受的行為反應，也可產生幾分鐘逃避困難要求的行為。依上述分析，就可形成大偉的等值性行為圖解說明。

三、步驟三：使問題行為無用武之地的介入選擇

建立正向行為介入與支持的一般作法是先從問題行為之行為後果著手。無論如何，我們已發現先從行為後果開始，有時可能會造成計畫過於著重此部分，包括使用更多侵入性的方法（如斥責、體罰等）。因此，除結合實施行為支持計畫者、圖解等值性行為模式、評估模式的邏輯和結構外，我們可採取下列過程（Horner, O'Neill, & Flannery, 1993）：

1. 改變情境事件

探究更多長遠的情境事件，確認任何使這些事件不會產生影響的改變，並列出可能改變的觀念。

2. 改變立即的前提事件

我們可考慮課程特性，也可提供更多從事學習任務的時間、完成時間、縮短學習任務長度，使學習任務與個體發生更多關聯，並列出潛在性前提事件的改變。

3. 列出所愛和替代性行為的教學策略

在多數情境中降低除問題行為的關鍵就是有效的教導新行為，並列出教學訓練的建議。

4. 檢試改變行為後果的方法

「行為是其行為後果的功能」，所以我們酬賞的是行為，而不是個人。在這方面，首先要考慮問題行為接受到增強

物的數量。如果問題行為是受到逃避不愉快事件所維持，就應考慮逃避那個事件的可能價值。我們須瞭解個人對不同事物的喜好是充滿變異的。這個事件可能具強烈或輕微的增強作用。因此，我們應確保適當行為所提供的酬賞相等或超越問題行為所能提供的酬賞。

如果問題行為比適當行為更能產生增強作用，可考慮下列策略：(1) 增加表現適當行為的增強價值；(2) 降低問題行為的增強價值。這些作法的目的是要讓問題行為不會發生作用。

建構等值性行為模式的步驟

建立功能性評量結論性陳述的圖解說明

建立等值性行為

使問題行為無用武之地的介入選擇

情境事件		前提事件
	建立功能性評量結論性陳述的圖解說明應簡列的要素	
問題行為		維持問題行為的行為後果

使問題行為無用武之地的介入選擇過程

改變情境事件	改變立即的前提事件	列出所愛和替代性行為的教學策略	檢視改變行為後果的方法
探究更多長遠的情境事件	可列出潛在性前提事件的改變	關鍵是有效的教導新行為	首須考慮問題行為接受增強物的數量

第 **9** 章

評估行為改變的科學方法 ••••• 章節體系架構 ▼

UNIT **9-1**

評估行為改變的要項
——目標行為、評估行為的特性和策略

一、界定目標行為

行為改變方案中想要改變的行為稱為「目標行為」（target behavior）。如果良好的目標行為很少出現或根本不出現，就要想辦法增加其出現頻率；反之，若不適當的目標行為常出現，就要減少或消除。惟評估行為改變的首要步驟是要把目標行為具體化。如果不能瞭解特定行為，可能就會無法確認行為改變方案的目標行為，也無從決定行為的前提事件與行為後果或設計改變它們的方法。

二、決定評估行為的特性

評估行為的特性會涉及到反應變項的選擇，即蒐集資料的形式。行為資料的蒐集形式如下：

1. 頻率（frequency）

指「在一段時間內，行為發生的次數或數目。」蒐集次數性或頻率的行為資料相當容易著手，且多數目標行為都可採用次數性行為資料來進行適當評估。

2. 持續時間（duration）

指每一事件目標行為從開始至結束持續的時間長度。我們若想瞭解行為發生的時間有多長，持續時間就是行為資料蒐集形式的最佳選擇（Whitman, Mercurio, & Caponigri, 1970）。至於其他可依持續時間，來評估的目標行為實例，包括讀書、看電視、發脾氣等。

3. 反應強度（Magnitude）或大小

降低某人焦慮、悲傷或恐懼的行為改變方案上，評估此人的焦慮、悲傷或恐懼程度是不是就很重要呢？惟這就涉及到行為強度的評估。如果強度具變異性，且行為目標包含強度改變，則評估目標行為的程度或大小就是很有用的。對許多目標行為來說，強度是適當的測量選擇。

4. 延宕時間（Latency）

指要求指示下達到行為反應發生前的這一段時間。

5. 練習次數

指學生想達成預定標準所需的練習次數。練習次數適用於教導概念與操作時。

6. 百分比（Percent）

指行為發生的次數除以行為發生的機會總數，再乘以 100。

三、評估行為的策略

所有評估行為的方法都包含某種形式的觀察，但我們主要可採兩種方法：

1. 直接評估法

是指以直接方式測量真正的目標行為。例如：老師可藉注視和記錄每一事件，來評估學生舉手發言的行為。「直接評估法」常會使用工具來測量身體特徵或行為層面，如錄影帶。

2. 間接評估法

是指採抽象或迂迴方法來測量目標行為。由於這種方法並不是直接評估真正的行為，因此有時會產生不正確的情形。間接評估的方法如下：

⑴ 面談。面談會因結構性程度而有不同，若採用高度結構性的面談，通常是以預定方式評量個案的問題。反之，如果採用非結構性面談，那麼行為改變者有許多時間提出問題，且須依臨床經驗和直覺來決定應採取的方向及解答方法。

(2) 自我陳述量表。行為改變者可建構評定量表和問卷，來蒐集個案特定行為的臨床資料。

(3) 非個案自我評定。讓個人的老師及父母等來填答評定量表或行為檢核表，也可獲得有用的個案行為資料。

(4) 生理測量。有許多生理測量可用來評估內在事件，且多數測量需特殊設備或生理回饋測試。例如：為幫助病患瞭解身心所面臨的壓力狀況，有些醫院會運用生理回饋儀來幫助患者看到身體內部的生理訊息，包括肌電、指溫、血壓等指標。基本上，運用生理測量是評估內隱事件的唯一客觀方法，而這些評估可產生頻率、持續時間及反應強度的行為資料，但生理測量通常過於昂貴，且並不全然可獲得清晰的內隱行為現況。

| 評估行為改變 | → 首要步驟 | 把目標行為具體化 |

行為資料的蒐集形式

頻率	例如在行為改變方案上，評估一位六年級低成就學生正確計算數學問題的數目，以增進其數學能力（Pigott, Fantuzzo, & Clement, 1986）。
持續時間	例如評估社會互動關係的持續性，以增進兩位嚴重退縮智障兒童花費在社會性活動的時間，如彼此滾球。
反應強度	例如：增進專注讀書的程度、肌力大小（包括舉起的重量、擲球距離或跳躍長度）或降低食物的熱量等。
延宕時間	測量兒童順應老師或父母的要求，就是運用延宕時間來評估目標行為的例子。
練習次數	例如：教導學生於口頭指示或教師示範後，評估學生模仿教師動作的練習次數。
百分比	個人有許多回應機會或符合行為標準，會因時間或環境不同而有變異時，百分比特別有用。

評估行為的策略

- 直接評估
  - 直接觀察測量行為
- 間接評估
  - 面談
  - 自我陳述量表
  - 非個案自我評定
  - 生理測量

UNIT 9-2
評估行為改變的要項
——行為記錄方法、效度與信度

一、行為記錄的方法

常見蒐集行為資料的方法包括選擇特定時段，然後在此段期間評估每一目標行為的事件。評估和記錄某段特定時間的所有行為事件稱為「連續記錄」。

另一種記錄行為的方法在於選擇特定的觀察期間（如 18 分鐘），並將其分成等長的小時距（30 秒），然後在每個時距內記錄目標行為是否發生，這種方法稱為「時距紀錄法」。基本上，每個時距所記錄的為「是」或「否」。即使有多種行為事件發生，某一特定時距常僅記錄一項行為事件。這種用來評估和記錄行為的資料形式不是次數性資料，就是百分比資料。

第三種評估和記錄行為的方法，稱為「時間取樣法」。這種方法包括選定一種以上等長的觀察期間，並將其分成等長的次期間（如 60 秒），同時指定每個次期間開始後的短暫時距內（10 秒）來蒐集資料，即 1 分鐘的次期間內僅評估和記錄行為 10 秒鐘。在這些時距內，行為資料蒐集的形式可以相當多元。

二、行為記錄的正確和效度

記錄行為有效度是指這些記錄能反應所要測量的事物。行為記錄的正確性取決於行為界定的程度、觀察者訓練的情形、及運用評估工具測量的精細情形等。如果直接評估是正確且記錄到想要檢視的真正行為，則這些行為記錄通常就具有高的效度。

間接評估常包括主觀估計且依賴個人記憶。因此，記錄行為的效度和正確可能高，也可能低。提高此種記錄行為有效度的方法之一，在從幾種評估方法上來考量所產生的資料（面談家庭成員或由家庭成員評定），來驗證個案資料。此外，仍有許多因素會影響到間接評估法的正確。例如：清晰詢問或執行者是受過高度訓練的，都可提高行為評估的正確性。

不過，有種現象可能會降低直接和間接評估的正確性和效度，稱為反應性（reactivity）。也就是，個人如果發現正受到觀察時，行為會傾向於改變的過程。反應性常會使個人的行為傾於符合社會價值和觀念。

三、評估行為資料的信度

評估所蒐集行為資料正確性的一般方法，包括評估 2 位以上觀察者所蒐集記錄行為資料的一致性程度，稱為「觀察者間信度」（interobserver reliability）。觀察者一致性或信度與正確性並不相同。如果它們是正確的，那麼行為資料就將更可靠。評估不同觀察者所蒐集行為資料一致性的方法常見的有兩種：

1. 觀察期間全部法

指將每位觀察者在觀察期間所蒐集到的資料統統加起來，然後以較小的整數除以較大的整數，再乘上 100，就可得到觀察資料一致性百分比。

2. 時距紀錄法

指在觀察期間內，針對每一特定時距僅記錄一項目標行為事件，即使是發生許多事件。例如：教師觀察兩位學生 10 分鐘，每隔 30 秒的時距內觀察學生

是否發生講髒話行為，然後記錄它們。這些記錄顯示，學生講髒話行為可能在某些時距內發生，而不在某些時距內發生。運用時距紀錄法時，為計算觀察者間信度，兩位觀察者一致的時距數（行為有發生）要除以全部時距數（記錄一致或不一致的時距）。假設有 16 個時距是一致的，而有 4 個時距不一致，我們就可得到 80% 的一致性百分比。

另外，評估和記錄行為資料的正確性須注意：(1) 有些事實顯示，讓觀察者瞭解其記錄要受到其他觀察者的檢核，似可增加觀察正確性；(2) 蒐集行為資料前，可訓練觀察者計算觀察者間信度；(3) 最低可接受的信度水準是 80% 的一致性同意；(4) 在自我管理方案上也可使用觀察者間信度來評估資料的正確性，即讓一位以上觀察者蒐集個人行為資料，來與個人的自我監督記錄互相比較。

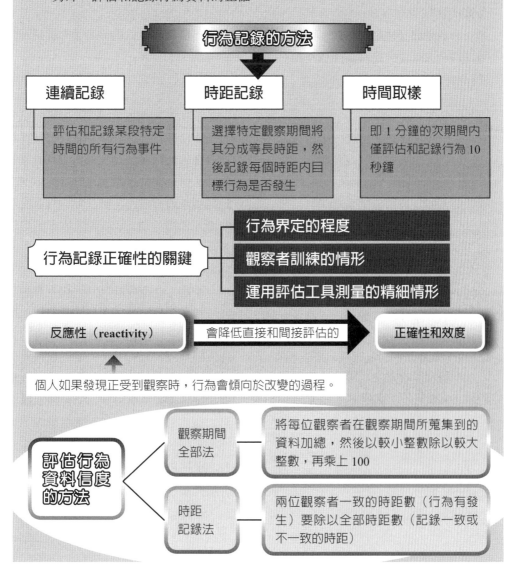

UNIT **9-3**
倒返實驗設計

圖解行為改變技術

164

一、涵義

倒返實驗設計（Reversal Designs），又稱撤除設計（withdrawal design）。這種設計的一般形式是基準線（A）、介入或實驗處理（B）、基準線（A）及介入或實驗處理（B）。其中，第一和第二個基準線條件是相同的，而第一和第二個介入或實驗處理條件也是相同的（Wolery, Bailey, & Sugai, 1988）。

在倒返實驗設計上，基準線階段（A）表示未提供任何介入或沒採取任何處理，伴隨呈現行為介入或實驗處理（B），然後撤除介入再回到基準線階段（A）。

如果想要提供令人相信的行為介入成效，那麼行為介入階段（B）就須伴隨回到基準線階段（A）之後呈現。

二、實例

馮淑珍（2005）曾運用「倒返實驗設計」，來探討小老師制對安置在普通班之身心障礙學生的遊走干擾教學之效果。

在基線階段遊走干擾教學的行為平均值為 6.6 次。在處理 B 階段介入「小老師」的策略後，受試個案遊走干擾教學行為的次數平均值降低到 0.6 次，較基線階段大為減少。顯示「小老師」止對受試個案在遊走干擾教學方面有相當明顯的效果。

在撤回「小老師」制的介入後，受試個案遊走干擾教學行為平均值為 0.25 次，較介入 B 階段減少。另一方面，介入「小老師」制後，使受試個案由介入 B 階段的次高次數趨向轉為逐漸降低的進步趨向，兩階段重疊百分比雖非為 0，仍顯示撤回「小老師」制對受試個案的遊走干擾教學行為仍有明顯的維持保留效果。

三、優缺點

A-B-A-B 倒返實驗設計的優點主要有三：(1) 每次僅測量一項行為；(2) 重複實驗處理可提供三次機會瞭解處理的效果。第一次是實驗處理階段，第二次是回到基準線階段，第三次則為重複實驗處理階段；(3) 可有效評估實驗處理效果（杜正治，2006；Wolery, Bailey, & Sugai, 1988）。

不過，此種設計與其他倒返實驗設計一樣，均會遭遇一項共同的問題：行為的不可逆性。也就是說，取消實驗處理後的階段，行為並不一定就會恢復到基準線階段，如此將會使實驗處理效果難以獲得確認。另外，由於此種設計在第二個基準線期間須撤除實驗處理，可能會產生順序或互動效果。亦即先前條件的經驗可能會影響到介入效果。第三則是會有倫理道德的問題。

| 倒返實驗設計 | 又稱 →| 撤除設計 |

一般形式

- 基準線（A1）
- 介入或實驗處理（B1）
- 基準線（A2）
- 介入或實驗處理（B2）

實例

受試個案遊走干擾教學次數曲線圖

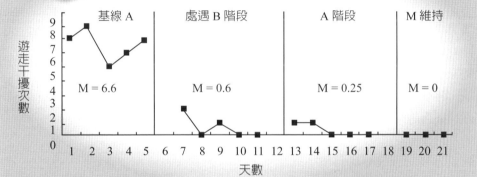

遊走干擾次數

| 基線 A | 處遇 B 階段 | A 階段 | M 維持 |

M = 6.6　　M = 0.6　　M = 0.25　　M = 0

天數

優點

- 每次僅測量一項行為
- 重複實驗處理可提供三次機會瞭解處理的效果
- 可有效評估實驗處理效果

缺點

- 行為的不可逆性
- 先前條件的經驗可能會影響到介入效果
- 會有倫理道德的問題

UNIT **9-4**
逐變標準實驗設計

一、涵義

　　就像倒返實驗設計一樣，逐變標準設計（Changing Criterion Designs）的基準線階段是作為描述目前的表現水準，以預測未來的表現水準。而逐變標準中的次階段一再進行，以試驗預測。如果介入造成改變，我們就可預期行為表現依循著標準產生轉變。惟若由於無關因素，行為表現產生隨機變動，而使行為表現未能依照所設定的標準。在這種情形上，我們就無法說明介入的因果關係。換言之，如果行為表現緊密地符合標準上的變化，就可認為介入負責行為的改變。

　　逐變標準實驗設計非常類似操作制約學習的行為塑造，其理論依據主要是採用逐步養成原理漸進增強行為，使行為逐步接近最終的目標（郭生玉，1986）。逐變標準實驗設計包括基準線（A）和介入或實驗處理（B）。亦即在建立穩定基準線（A）後，就開始漸進且分段增加成功或增強的標準，直到最終行為達到為止。這種取向的實驗設計特別適用需緩慢塑造或改變的行為，如抽菸、減肥、運動時間等。

二、實例

　　DeLuca 和 Holborn（1992）曾採用逐變標準實驗設計，來研究代幣增強系統對 11 歲非常肥胖和體重正常男孩練習固定腳踏車的效果。在基線期階段，每位男孩的踏板率是穩定的，然後研究人員在每 30 分鐘的練習期間，開始以「變動比率」（variable-ratio schedule, VR）增強踏板率。每位男孩在介入開始時，每一增強實例所需的踏板旋轉數設定為約高於基線期平均率 15% 以上。也就是說，如果男孩在基線期的踏板旋轉數為每分鐘 70 轉，那麼介入開始所需的踏板旋轉數為每分鐘 80 轉。然後，每一後續增加的增強標準設定為前一階段所達成平均踏板率的 15% 以上。只要男孩因踏板而獲得積點代幣（point token），鈴聲就會響起且光會亮表示成功。至於代幣則可日後用來交換後援酬賞。結果顯示代幣增強系統對 11 歲非常肥胖和體重正常男孩練習固定腳踏車的顯著效果。

三、優缺點

　　逐變標準實驗設計的優點主要有二：(1) 沒有倫理道德的問題，因為這種實驗設計不需回到基準線，所以可避免倒返實驗設計所產生的困難；(2) 這種實驗設計最適合探究需逐步塑造的行為，如複雜技能、精力過剩兒童的動作行為等。不過，由於逐變標準實驗設計的效果，要視每一階段的行為改變是否很符合所設定的標準，如果非常符合，即可充分顯示實驗處理的效果。否則，就很難確定行為改變是由實驗處理所造成的。事實上，逐變標準實驗設計的主要困難就在於行為改變和標準變換之間一致性的確定（Kazdin, 1982）。

```
逐變標準實驗設計   非常類似 ➡   行為塑造
```

一般形式 {
- 基準線
- 介入或實驗處
}

特別適用需緩慢塑造的行為 {
- 抽菸
- 減肥
- 運動時間
}

優點

沒有倫理道德的問題

最適合需逐步塑造的行為，如複雜技能

缺點

行為改變和標準變換之間一致性的確定

UNIT **9-5**
多基準線實驗設計

一、涵義

多基準線實驗設計（Multiple Baseline Designs）包括兩個條件：「基準線」（A）和「介入或實驗處理」（B）。它特別適用倒返回到基準線階段具倫理問題或危險性行為，如自傷行為。不過，有些行為（如閱讀、數學和騎腳踏車）一旦學會了，就不太可能回到基準線階段。就這些例子言，運用多基準線實驗設計可能就較為適合。

多基準線實驗設計的特色是依不同基準線來確定實驗效果，故首先需蒐集兩個或兩個以上的行為（或受試、情境）作為基準線，然後再針對某行為（或受試、情境）實施實驗處理或介入，其他行為（或受試、情境）則仍維持在基準線階段，俟處理效果穩定後，再針對第二個行為實施實驗處理或介入，第三個行為（或受試、情境）則仍維持在基準線階段。最後再針對第三個行為（或受試、情境）給予實驗處理。

二、形式

「多基準線實驗設計」的形式有三種：

1. 跨受試的多基準線實驗設計

即有兩個或兩個以上受試者的同項行為要被改變。

2. 跨行為的多基準線實驗設計

即跨行為的多基準線實驗設計中，同一位受試者有兩個或兩個以上行為要被改變。

3. 跨情境的多基準線實驗設計

即跨情境的多基準線實驗設計中，同一位受試者在兩個或兩個以上情境的同一項行為要被改變。

三、優點與問題

多基準線實驗設計的優點有三：(1) 不必回到基準線階段，即可顯示實驗處理效果；(2) 這種設計一次只針對一種行為（或受試、情境）實驗處理，確定有初步效果後，再運用到其他行為（或受試、情境）上，這種逐步處理方式非常符合臨床的實際情境；(3) 很容易發展出令人相信的實驗效果（Wolery, Bailey, & Sugai, 1988）。

不過，多基準線實驗設計在運用亦會產生若干問題：(1) 這種設計包含的行為、受試或情境愈多，所需花費的時間就愈多；(2) 這些設計採用多基準線來顯示明確的實驗處理效果，惟這些基準線的行為可能互有關聯，而產生類化效果；(3) 有些行為在接受實驗處理後產生改變，但有些則否。在這種情況下，就無法確知實驗處理效果，尤其只有兩條基準線時。

多基線實驗
設計包括
{
· 基準線
· 介入或實驗處

特別適用
{
· 倒返回到基準線階段具倫理問題或
危險性行為，如自傷行為

多基準線實驗設計的形式

跨受試的

即有 2 個或 2
個以上受試者
的同項行為要
被改變

跨行為的

即同一位受試
者有兩個或 2
個以上行為要
被改變

跨情境的

即同一位受試
者在 2 個或 2
個以上情境的
同一項行為要
被改變

優點

· 不必回基準線階段，即可顯示實驗效果
· 易發展令人相信的實驗效果
· 逐步處理方式符合臨床實際情境

問題

· 行為、受試或情境愈多，所需花費的時間就愈多
· 基準線的行為可能互有關聯，而產生類化效果
· 行為在接受實驗處理後產生改變，但有些則否，就無法
確知實驗的效果。

UNIT 9-6
多重處理實驗設計

一、涵義

多重處理實驗設計（Multitreatment Designs）和倒返實驗設計類似，兩者間的差異在於兩個或兩個以上實驗處理或介入的比較。若以符號來說明，（A）是基準線階段；（B）為某種實驗處理或介入；（C）表示另一種實驗處理或介入；（BC）則表示兩種實驗處理合併實施。此種設計有多種變體，典型的順序是 A-B-A-B-C-B-C 或 A-B-A-B-BC-B-BC。

二、實例

VanHouten、Hill 和 Parsons（1975）曾採用多重處理實驗設計，來檢測表現回饋系統（如適時與回饋、公開張貼、讚美課業表現及同儕互動）對學生學習表現的成效研究。受試者為加拿大小四學生，閱讀能力較佳者在 A 班，而閱讀能力較差者在 B 班。實驗開始前，兩班老師列出作文題目，以隨機方式排列，預定每天的作文題目。作文每週進行 4 天，當天在黑板上寫出作文題目，鼓勵學生儘量寫，老師可協助學生拼字。

實驗階段的次序和長度分別為：基準線階段（A），5 天；處理階段 1：適時與回饋（B1），5 天；處理階段 2：適時與回饋加公開張貼（BC1），5 天；處理階段 3：適時與回饋（B2），5 天；處理階段 4：適時與回饋加公開張貼（BC2），5 天；處理階段 5：適時與回饋加公開張貼加讚美（BCD），7 天；以及處理階段 6：適時與回饋加公開張貼（BC3），3 天。結果顯示，包含四個元素的包裹策略（適時、回饋、公開張貼及讚美）對 A 班學生最有效。

三、優缺點

顯然，多重處理實驗設計具順序效果的問題，即先前實驗處理可能會影響到後面的實驗處理。為清楚確定各實驗處理及合併處理效果，可採用「對抗平衡方式」安排各實驗處理的順序，來控制順序效果的問題。此外，多重處理實驗設計所針對的行為須是可逆的，因為它無法解決行為不可逆的問題。不過，就像倒返實驗設計一樣，多重處理實驗設計可建立實驗控制，且較適用行為後果事件的比較。

多重處理實驗設計 ────非常類似────▶ 倒返實驗設計

兩者之差異 { ・兩個或兩個以上實驗處理或介入的比較 }

實例　表現回饋系統（如適時與回饋、公開張貼、讚美課業表現及同儕互動）對 A 和 B 兩班學生學習表現的成效研究

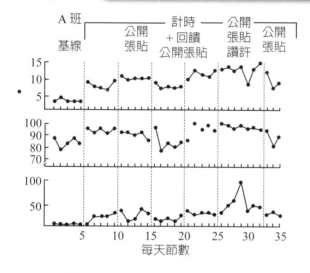

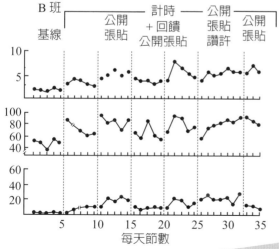

優點

可建立實驗控制，且較適用行為後果事件的比較

缺點

具順序效果的問題

無法解決行為不可逆的問題

UNIT 9-7
交替處理設計

一、涵義

交替處理設計（Alternating Treatment Designs）常被用來研究二種或二種以上實驗處理或介入，來針對單一行為的效果（Barlow & Hayes, 1979），又稱同時處理或多元素設計（multi-element designs）。這種設計包括三項實驗條件：基準線階段（A）、交替實驗處理階段（B）及繼續處理階段（C）。在交替處理設計上，基準線階段（A）表示未提供任何處理，雖不一定需要，但仍應保持基準線穩定，然後在交替處理階段（B），以快速交替方式，呈現二種或二種以上的介入或實驗處理，而在階段（C）僅採用較有效的策略。

二、實例

兩種小老師程序對其同儕拼字的效果研究。一種是「標準小老師程序」，包括在同儕正確拼字後，由小老師給予回饋和代幣增強物；拼錯時，給予矯正回饋。另一種「修正的小老師程序」，包括同儕正確拼字後，由小老師給予讚美和代幣增強物；一旦同儕一出現拼錯字母時，就給予矯正回饋。在介入期階段，告訴小老師分別採用二種不同的小老師程序。

至於在所有階段上的 10 分鐘小老師觀察期間上，觀察小老師的行為類型稱為協助—— Karen（其中一位小老師）在每個小老師觀察期間上協助行為的次數。我們可注意到在基線和處理期階段，當被指示使用標準小老師程序時，她很少表現出協助行為；不過，在處理期階段，協助行為卻常發生於使用修正的小老師程序；然後進入選擇階段，要求小老師使用她所選擇的程序，她會繼續使用協助行為。

三、優缺點

交替處理實驗設計可藉由快速交替處理來控制順序效果，不過卻無法完全控制先行處理對後來處理所產生的殘存影響（Barlow & Hayes, 1979）。另外，交替處理實驗設計可適用可逆性和不可逆的行為，沒有倒返的問題。

這種設計可建立實驗控制。其優點是可快速評估不同實驗處理在同一行為上的效果。缺點在於此種設計無法確定單一實驗處理效果，因為同一行為同時接受兩種實驗處理或介入。另外，其缺點是需充分控制對抗平衡，及個案要能辨別使用每種策略的時間。

交替處理設計 ──又稱──▶ 同時處理或多元素設計

實驗條件
的內涵 {
· 基準線階段（A）
· 交替實驗處理階段（B）
· 繼續處理階段（C）
}

實例

小老師程序對其同儕
拼字的效果研究

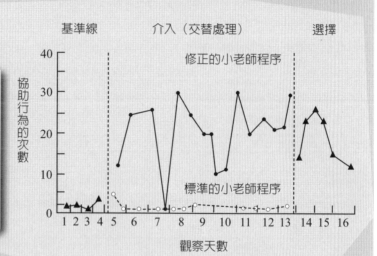

優點

可藉由快速交替處理
來控制順序效果

適用可逆和不可逆的
行為，沒倒返問題

弱點

無法完全控制先行處
理對後來處理所產生
的殘存影響

國家圖書館出版品預行編目資料

圖解行為改變技術（含正向行為介入與支持）
／張世彗著. －－二版. －－臺北市：五南
圖書出版股份有限公司, 2024.06
面；　公分
ISBN 978-626-393-071-1（平裝）

1.CST: 行為改變術

178.3　　　　　　　　　113001661

1IYE

圖解行為改變技術
（含正向行為介入與支持）

作　　者 ― 張世彗

發 行 人 ― 楊榮川

總 經 理 ― 楊士清

總 編 輯 ― 楊秀麗

副總編輯 ― 黃文瓊

責任編輯 ― 李敏華

封面設計 ― 姚孝慈

出 版 者 ― 五南圖書出版股份有限公司

地　　　址：106臺北市大安區和平東路二段339號4樓

電　　　話：(02)2705-5066　　傳　　真：(02)2706-6100

網　　　址：https://www.wunan.com.tw

電子郵件：wunan@wunan.com.tw

劃撥帳號：01068953

戶　　　名：五南圖書出版股份有限公司

法律顧問　林勝安律師

出版日期　2015年3月初版一刷（共三刷）

　　　　　2024年6月二版一刷

定　　價　新臺幣320元

經典永恆・名著常在

五十週年的獻禮——經典名著文庫

五南，五十年了，半個世紀，人生旅程的一大半，走過來了。

思索著，邁向百年的未來歷程，能為知識界、文化學術界作些什麼？

在速食文化的生態下，有什麼值得讓人雋永品味的？

歷代經典・當今名著，經過時間的洗禮，千錘百鍊，流傳至今，光芒耀人；

不僅使我們能領悟前人的智慧，同時也增深加廣我們思考的深度與視野。

我們決心投入巨資，有計畫的系統梳選，成立「經典名著文庫」，

希望收入古今中外思想性的、充滿睿智與獨見的經典、名著。

這是一項理想性的、永續性的巨大出版工程。

不在意讀者的眾寡，只考慮它的學術價值，力求完整展現先哲思想的軌跡；

為知識界開啟一片智慧之窗，營造一座百花綻放的世界文明公園，

任君遨遊、取菁吸蜜、嘉惠學子！